シャペロン奮闘記

英語海外研修

吉野　啓子

はじめに

　これまでにカナダへの英語研修を四回引率し、学生や現地の方々と共に、たくさんの経験をしてきました。受け入れて頂いている大学は、カナダの中央部サスカチュアン州にある州立レジャイナ大学です。広大な敷地の恵まれた環境の学び舎で、素朴な学生、親切な住民、そして自然がたくさんある長閑な素晴らしい地域で、我が学生たちは研修をさせて頂いています。

　しかし私はこのような環境すら知らず、ただ、学科教員は一度は引率をするという事が決められている為に、それならば早くその任務を果たしておこうという思いで引き受けました。それでも正直なところ、とても不安でした。なぜなら、一ヵ月余りの間に学生に何が起こるかわからないし、また相手の大学やホストファミリーに学生たちが迷惑を掛けたりするようなことがあれば、自分一人で対応が出来るか等々、不安は次から次へと頭を過ったからです。

　さらに、カナダはフランス語圏でもあると聞いていたので、第二外国語がドイツ語の私には、これも大きな不安材料でした。しかし外国人の同僚の先生から「ケベック州以外は、フランス語でなくても大丈夫だよ」と教えて頂き、安心しました。そして又、前年度に引率された先生から、「空港でそれぞれのホストファミリーに学生たちを引き渡したら、後は帰国するまで自分の時間だから楽よ！」と言われ、それなら自分にも出来ると思い引き受けました。

　しかし、現実はそんなに甘いものではありませんでした。空港から宿舎に向かう車内で、お世話になる大学の担当の方（本文に登場するペコさん）が、「シャペロンは常に学生と行動を共にして、彼女たちを観察し世話をするのは勿論ですが、彼女たちとお世話になっているホストの方々との色んな問題も出てきますので、御自身のお部屋で、御自身のお仕事だけをして頂いては困ります。昨年のシャペロンは、その点では、御自分のお仕事がとても捗《はかど》られたと思います」と仰いました。それを聞いて唖然とし、自分の考えが根本から覆されました。それならば今回は、ご迷惑を掛けないように、出来る限りこの方（ペコさん）に教わりながら、シャペロンという任務を果たそうと思いました。
そしてその翌日から、何も分からない新米シャペロンの奮闘がはじまりました。

平成27年1月

吉野啓子

追記：本文に登場する本学学生の名前は全て仮名にしております。ご了承ください。

■目　次■

chapter 1 搭乗前からトラブル、トラブル……7

chapter 2 115……あぁ、アクシデントが

chapter 3 卒業生がたいへんな事に……181

chapter 4 241……急遽シャペロンを引きうけて

chapter *1*

搭乗前から
トラブル、トラブル

（第１回研修）

さあ、出発

八月二十四日（木）

関空の荷物検査で、スーツケースを開くようにひとりの学生が言われ、開けると花火を入れていたことが分かり、取り上げられる。あれだけオリエンテーションで何度も言っていたのに。「少しだったらいいかなと思って」と言う。「少しでも、駄目な物は駄目でしょ」と私。最初からこれでは、先が思いやられる。

出国から離陸迄は無事。

機内では、夕食後、徐々にリラックスしているようであった。しかし風邪引きの薬を要求した学生がいたので数回様子を見に行くと、三度目の時は、よく眠っていた。薬の要求はしないが、よく咳をするのが一人。しかしこの学生は、兎に角よく眠るので安心である。

離陸後、五時間を過ぎた頃、漸くほっとしたので、眠った方がいいかなと目を閉じた途端に、学生が呼びに来る。

「先生、隣りの人が気分悪いと言うたはります」と。そばへ行くと、事前に持病があるので、研修は無理なのでは、と思っていた学生だった。傍に行くと、苦しそうにしていたので「どのようにすれば楽になる?」と尋ねると、「座席に腰掛けているのが辛いので床に座りたい」と言う。カナダ人のキャビンアテンダントに尋ねると、「ギャレーの横にスペースがあるから使っても良い」と言われたので、その場所まで学生を抱きかかえて行く。すると、日本人のキャビンアテンダントが「この場所は困ります!」としかめっ面をして迷惑そうに言う。それで、反対の右側の床に学生を座らせて、カナダ人のアテンダントに「ごめんなさいね。少し気分がよくなるまで、居させてやって下さい」と言ったら「ぜ~んぜん、構わない」と言う。この違いは何なのか!!

その上彼女は、ペットボトルに暖かいお湯を入れ持って来てくれて、「湯たんぽ代わりにお腹に当てるといいよ」とまで言ってくれた。それから毛布を掛けてあげるが、床に腹這いになってしまい、見る方も辛く、どのようにすればいいのか解らない。話し掛けても答えるのが辛いだろうと思うので、話し掛けられない。ただ彼女は、いつも服用している薬を五錠から一錠に減らしたからだと思っているらしい。しかし「朝に一度飲んだので、今はもう飲めない」と言う。この学生は、事前に資料を読んで気になっていたので、大丈夫かと国際教育課で何度も確認して貰ったのに…。私の変な予感が当たってしまった。

早くも緊急着陸のピンチ

本人が一番辛いだろうが、傍で何もしてやれない自分も情けない。時間が経っても学生の様子が一向に良くならないようである。それを見て、先ほどの日本人のアテンダントが私に言う。

「この状態が続くようでしたら、緊急着陸する他ありませんね。もっともこんな時間に着陸しても、お医者さんは眠っているでしょうけれど。パーサーと緊急着陸の相談をします」

と、又々きつい表情で言うと、カーテンを閉めた。その後、満面の笑みを浮かべながら客席を歩き始めた。

大体、緊急着陸云々を言う前に、まず機内アナウンスでお医者さんがいらっしゃるか否かを尋ねるのが普通で、先に緊急着陸云々なんて、脅し以外の何物でもないと思った。うちの学生が一刻の余地もないのだったら、それでも仕方がないけれど、かなり短絡的で脅迫じみていると思い、ムカムカした。学生はその様子を察したのか

「仕方がないので、時間が早いけれど持っている薬を飲みます」

と言う。それで私は学生の鞄を取りに席に戻る。彼女の席の周りに座っている学生たちは心配しているようなので、心配しないで眠るように伝える。

苦しんでいる学生は薬を三錠服用しようとしたので、大丈夫なのかと尋ねると「以前は五錠だったけれど、少しずつ減らしていて一錠にしたけれど、今回は三錠にする」

との事だった。強い薬らしいので、水を貰って「たくさん水を飲んで、胃に負担を掛けないように」と言って手渡す。

その後も同じ体勢で、床に腹這いになっている。それをチラチラと先ほどの日本人アテンダントが意地の悪い目付きで見ている。

それからどれくらいの時間が経過したのか解らないが、その学生がゆっくりと頭を上げた。ダッチロールが強くなったからであるが…。そして「トイレでしゃがむ事にする」と言う。理由を尋ねると「入院中も、この体勢が楽だったから」だそうである。それで、厭味な日本人アテンダントにもお礼を言って、彼女の座席に近いトイレに抱きかかえながら連れていく。そして「トイレでしゃがむ方が楽だったら、他の人を気にしなくてもいいから、そうしているのよ」と言って自席に戻る。暫くして、彼女が入っているトイレの方を見ると、待っている方がおられたので、理由を話して、違うトイレを使ってもらうように伝える。

一時間以上経つと、今度はトイレで倒れているのではと心配になり、トイレへ行ってノックをする。そして外から「大丈夫？」と言うと、立ち上がって扉を開いた。「大丈夫だったらいいのよ。そこに居る方が楽だったら、そこに居ればいいからね」と言うと、頷いたので、扉を閉じた。けれども、ロックをしていないようだったので、ロックをするように言って、席に戻る。風邪引きさん二人を見に座席を見回るが、よく眠っているようだった。

気になって眠れそうもないが、隣の学生がよく眠っているのでライトも付けられず、暗がりの中で、バンクーバー到着後の乗り継ぎに関する資料などに目を通す。

朝食時刻少し前ぐらいに、漸くトイレから出て来た。少しして彼女の席まで行ったら、やはりうつ伏せになって眠っていた。朝食後、再度彼女の席に行くと、まだ、よく眠っていた。朝食は、取らなかったようである。その後、着陸時間が近付いたので様子を見にいったら、降りる準備をしていたので安心する。

飛行機を降りて次は入国審査。まず私が審査を受けて、出たすぐの場所で学生たちを見ていた。何かを尋ねられてオドオドし、私の方を見る学生もいるが、どうしてやる事も出来ず、ハラハラするだけである。ここでは、思いのほか、時間を要した。

バンクーバー経由でカルガリーへ

次に荷物の受け取り。一人の学生の荷物が最後にでてきたので、さらに遅くなる。その為に乗り継ぎカウンターで並んでいて、国内線の離陸まで三十分しかない事に気付く。スタッフの男性もそれに気付いて「ベルトにスーツケースを倒して乗せて、すぐにゲートに行きなさい。エレベーターで二階へ行って、左側だから」と教えて下さる。

しかし英語なので理解出来なかった学生もいるかも知れないと思い、日本語で伝えたが、解ったのかどうなのか、動くのがゆっくりなのである。それで「三十分もないのだから、スーツケースをベルトに乗せた人は先に行きなさい」と再度言うが、先に行くよりも前に、ベルトにスーツケースを乗せる事にオロオロしている。私も大きな声で言うのに疲れたので、学生のスーツケースをベルトに乗せて、それを学生に確認させた後、「先に行きなさい」と言って次々に先に行かせた。

全て三十三人分を完了してエレベーターに乗り、その後は彼らを追いかけなければと思っていた。が、しかし、エレベーターの扉が開いたら、その場所に学生たちが屯《たむろ》していた。

「どうしたの？　左側に行かなきゃ」

と言うが、すぐ左側がレストランになっていたので、その場所にいたようである。しかしレストランの先を見れば通路になっているのだから、レストランを左に見ながらドンドン先に行けばいいのに、彼女たちは行くことができなかったのである。もう十一時はかなり過ぎている。これは急がなければと思い、スタッフと思しき方に国内線、レジャイナ行きのゲートを確かめて急ぐ。

「兎に角、急ぐよ！　下級生から私の後について来てね！　三回生は下級生が違う方向に行かないように気を付けながら続いて来てね！」

と言い終わるや否や、走り始めた。とても早く走っているのか（自分の意識としてはそうは思わないのであるが）、

「ヒャ〜、ヒャ〜、早〜い！」

と言いながら、学生たちは付いて来る。どのような場合でも、口だけは動いている。漸くBゲートに着き、機内持ち込み荷物やボディーチェックに間に合った。ホッとしたのも束の間。それから十五番搭乗口へ。十一時十五分だった。あと五分で搭乗開始時間である。この乗り継ぎは、かなりきつい。しかも三十三名の学生が動くのだから、後にも先にも一度限りであってほしい。

十三時五十分カルガリー着。ここでは搭乗券を発行して貰わなければならず、デスクへ。ところが中国人の団体が先にいて、殊の外時間を要した。離陸迄五時間近くあるとはいうものの、うんざりである。

ようやく順番が回って来て、三十三人分のリストを手渡すが、デスクの彼女の資料では三十二人だという。兎に角調べてもらっている間に、学生たちからチケットを集

め、確認した後、十五分後に再集合ということで解散させる。私はその間にミールチケットを取りに行く。

そして再度私はデスクへ。チケットは二十九人分は名前があって発行できたが、あと四人分に関しては、席は確保しているが名前が解らないので、ブランクだという四人分のチケットを手渡される。荷物は三十三人分、レジャイナ便を確認したと言ってくれた。

十五分後、学生たちに搭乗券とミールチケットを手渡す。そして四時四十五分に再度この場所に集合する旨を伝えて解散する。私は先方の大学に電話を入れ、空港内をウロウロしている学生たちを見回りながら、絵葉書を買う。

学生たちの沢山の資料を持っているので左右の手足が痺れ、休もうと思ってレストラン「モンタナ」へ。入っていったら学生たちが、ひと塊りになって座っている。尋ねると「ミールクーポンを出したら、こちらに追い遣られた」と言う。テーブルを見たら、いくつかの大きなマグカップと、スプーンが入っているバスケットがあった。

「もう皆、食べたの？」
と尋ねると
「まだ注文していない」
という。解散してから随分経つのに、学生たちは注文もしないで何をしていたのかと思う。怒り半分、可哀そうにという思い半分である。それで何を食べたいのかを尋ねて注文してやる。私が注文すれば、彼女たちの研修にならないのにと思いながら…。
四時四十五分に再度集合し、今回はゆっくりとAゲートに向かう。そしてブランクの四人分のチケットを再発行して貰うべく、搭乗口スタッフに言う。この頃になると学生たちの緊張も少し解れ、また疲れも出て来たようで、眠っている学生もいた。しかし、そうした中でも
「社会福祉文化学科を英語でどう言うのですか？」
「ホームステイ先に、何の連絡もしていないのですが、その人達には何て言ったらいいのですか？」

等々、質問が来るわ、来るわ。そうしている間に、プロペラの付いた小さな飛行機が遅れて到着した。学生たちは不安そうに見ている。そして私に尋ねる。

「あの飛行機に乗るんですかぁ？」

学生たちには、余りにも時代遅れの飛行機のように思われ、無事に飛ぶのかと心配だったのかも知れない。

漸く搭乗開始。座席番号の若い順に呼ばれていた。周りにいる学生たちの番号を見ると十番前後だったので、気を付けていたけれど、もっと若い番号を持っている学生がいた。それでその学生たちから搭乗するんだと思っていたが、結局番号など関係なく一斉に乗り込むような形になってしまった。行儀の悪いところを見せてしまい、ゲートの方に悪い気がした。

レジャイナにやっと到着

機内では、この頃になると皆疲れて、眠っていた。また軽食もサーブされたが、食べない学生も多かった。疲れが出た事もあるし、カルガリーで信じられないくらいの甘さとボリュームのあるケーキを食べたからかもしれない。

そして漸くレジャイナの街が見えて来て、着陸体勢に入っている時に、ナント、一人の学生がトイレに向かった。私は通路側ではなかったので行くことが出来ず、声を出したが彼女にはプロペラの音で聞こえず、どうしようかと思っていたら、アテンダントが前から慌てて走って来て下さって彼女を抱きかかえ、

「すぐに席に戻って下さい」

と仰っている。「あ〜ぁ、シートベルト着用のサインが点いているし、アナウンスもしているではないか」と思ったけれど、学生には解らなかったようで…。それどころか学生にしてみれば、「着陸前だからトイレに行こうと思ったのに、何故トイレに

入らせないの?」と言う怒りのみだったのである。

着陸後は、荷物台がすごく混雑していた。しかし取って外に出さなければと思っていたら、ペコさん(呼び名)らしき方が、二人の男性と共に私の方に向かって来られた。学生たちは自分のホストファミリーはどんな人達なのかと、迎えの方々が大勢いる方ばかり窺いながら、ペチャペチャ話していた。そんな時にペコさんが話し始め、彼女のそのド迫力に驚いたのか、学生たちはシーンと静まり返った。

彼女のスピーチの後、スーツケースを一ヵ所に集めたが、一人だけ最後まで出て来なかった。待ち続けても仕方がないので、取り敢えず手続きをして、後で届けて貰う事となった。その後学生たちは、それぞれのホストファミリーと共に、帰って行った。

私はCP(学生の会話の相手をしてくれる先方の大学生)のアンドレの車で大学へ。部屋に案内され、スーツケース等の整理をし、ベッドに入ったのは、深夜を遥かに過ぎていた。疲れた。

歓迎会に戸惑う学生たち

八月二十五日（金）

九時から歓迎会と、これからの研修の注意事項等を含む説明会が行われた。手の上げ方、授業の受け方等を指導され、学生たちは戸惑っていたようだ。しかし彼女たちは、全員元気である。スーツケースがまだ手元に届かない学生も、ホストマザーの服を借りて出席していた。

コミュニケーション能力試験と同時進行で学内見学があり、私は昨日大学まで送ってくれたアンドレのグループに加わる。彼は「小さな大学」を連発するが、学生たちは我が大学より遥かに大きいこの大学に驚いていている。そりゃそうだ。スケールが違う。

キャンパス内の松の木を見て、或る学生が"Japanese tree"と言ったら「Pine treeだよ」とアンドレは言っていた。松の木は日本の木と言うイメージがあるのだろう。

大学は夏休みのせいか、静かである。そしてその大学の施設は、たいへん充実していると思った。

一時から責任者のロゼッタさんと会い、今回のプログラムを確認する。

二時三十分から学生たちとペコさんとのプログラムオリエンテーションが120号室であったので、私も参加する。

四時〜四時三十分頃に学生たちは帰宅。

今日は、夜六時から、レギュラープログラムの卒業式があり、招待される。ロゼッタが車で迎えに来て下さって会場へ。

ディナーの後に、式典があった。ベネズエラや南アフリカからの留学生が沢山いて、彼らは特別賞を貰っていた。日本の卒業式とはまた一味違う感動的、且つ印象深い卒業式であった。

ワスカナ湖

八月二十六日（土）

コーンウォールセンター

午前中はフリー。眠るぞ、と思うけれど、体中がだるくて眠れない。ボーと窓からワスカナ湖を見るが、体のだるさは取れない。これは私には珍しい事である。疲れ切っているのか？　体全体も冷たく、しかも寒い。温かい紅茶とクッキーを取る。

一時三十五分にマイクが玄関へ迎えに来てくれて、今晩、ワスカナ湖畔で行われる提灯行列の会場へ。テントでは、既に提灯を作る作業を始めている学生もいた。「先生は作らないんですか？」と尋ねられるが、学生たちの写真を取らなきゃ、そしてビデオも撮りたいとも思っているので、そう悠長に構えていられない。

三時三十分頃には全員完成して、それぞれ帰宅。私はマイクに送って貰ってダウンタウンへ。コーンウォールセンターにあるドラッグストアーで乗り物酔いの薬等を買う。大学で準備してもらった薬や私が準備していた薬は、早々に全て無くなっていたから。ついでに果物などの食品を買いたかったが、そのような店がなく諦める。その後、フードコートで夕食を済ませ、バスで大学に戻る。

六時三十分にマイクがピックアップしてくれて、再び会場へ。凄い蚊である。虫除けスプレーをシュッシュとするが、追いつかない。ああ、これも買っておくべきだったと思った。

八時十五分、行進が始まる。先頭は、アヒルに扮した人達のグループである。どのような意味があるのか知りたかったが、マイクは忙しそうだったのでやめた。その次に学生たちが、自分たちの作った提灯を持って行進。照れ臭そうに歩いている。

野外演奏会

暗いけれど、必死に写真とビデオに収める。

九時三十分頃には、全ての行進が終わり、それぞれがホストファミリーの方と帰宅。

私もマイクに送って貰う。途中でサウスランドモールに立ち寄り、買い物に付き合ってもらった。「いつでも電話して下されば、お連れします」と言ってくれるけれど、そう甘えてはいられない。けれども親切なマイクには感謝、感謝である。

野外演奏会に感動

八月二十七日（日）

今日は、レジャイナ交響楽団の野外演奏会が二時半からあるということで、連れて行ってもらった。場所は大学から一時間半ほど車で行ったところである。千人以上はいただろうか？　この田舎町に、何処からこのようにたくさんの人達が集まって来るのか不思議だった。大平原が広がるレジャイナには珍しく丘のある場所で、小さなスキー場（らしいが、私は小さいとは思えない）が会場となっているとか。

到着すると二時半が過ぎていたので人は一杯。舞台の近くなんてとてもスペースがない。ずぅ〜とスロープを上がって行かなければならなかった。私達五人が座った場所は、舞台も見えず、その右側にある美しい湖も見えない場所であった。けれども音は素晴らしく良く聞こえる。マイクが「寝転んで美しい青空を見ながら聞くと、素晴らしいよ」と友人に教えていた。久し振りにモーツアルトを聴いた。いつ聞いても感動してしまう。

モーツアルトだけだと退屈な人もいるということで、「サウンドオブミュージック」や「スターウォーズ」なども演奏され、会場は大いに沸いていた。「サウンドオブミュージック」の場合は歌もあり、女性の方が素晴らしいソプラノで歌っていた。マイクに尋ねると、有名な方ではないという事であるが…。

六時頃自室へ。体が冷たい。疲れているとは思えないけれど、右手首、腕も動かない。さすが北国カナダだと変に納得。

八月二十八日（月）風が強い

八時四十五分頃、一階へ。一人ひとりの学生の顔色、表情をチェックする。風邪だと言っていた学生たちは元気になっていて安心。紛失していたスーツケースも金曜日には手元に届いたらしく、学生はホストマザーの服ではなく、自分の服を着て登校していた。

土、日はホストファミリーに連れられてキャンプに行っていたという学生も、元気に登校していた。「先生、始めてキャンピングカーで寝てんでぇ〜」と嬉しそうに話してくれた。

空港で眼鏡を失くしたので、どうしたらいいかと言う学生がいた。作れるものならすぐにでも作らせてやりたいと思う。

八時五十五分、教室に入るように学生たちに伝える。九時を過ぎてもあらせが来ない。他の学生はあまり気にしなくても良いのであるが、機内でのこともあるので、彼女の姿が見えないのは気が気でない。十分近く経って彼女ときくこがやって来た。尋ねると「始まる十分前に来たけれど、場所が解らんようになって」と言う。それなら安心。もう発作は懲り懲りだから。

お昼になったので、眼鏡を失くした学生の所へ行き、「ホストファミリーの方に、彼らがよく知っているお店に連れて行ってと頼みなさい」と伝える。すると、「先生、それ英語でどう言うのん?」と尋ねる。言い方を教えると「まあ、一回言うてみるわ」と言う。それで「『忙しい』とか『知らない』と仰るのなら、あなたが言うように、私が付いて行くから」と言うと、「えぇ? ホンマに付いて行ってくれるのん? その方がええねんけどな」と言う。「でも、まずホストファミリーの方に言うのよ」と念を押す。

その後、あらせが来て「ペコさんにこれを渡すのですが、何処におられますか?」と言う。英語で書いた処方箋だという。

「でもこれをペコさんに渡したら、あなたに万が一のことがあれば困るでしょ?」と私。

「でも、この間の事(機内での事)は、滅多にない事だから」

「でも滅多にないことでも、体調が狂って起こる事もあるかもしれないから、ここを離れる時は、返して貰うように彼女に伝えておく必要があると思うわ」

と彼女に言う。

それから ad & hum Builing（大学の別の建物）に渡ると、違うグループが食事をしていた。一年生の発達心理と生活福祉のグループである。

「先生は私らが勉強している時に何してるのん？」

と尋ねる。

「あなた方に関する色んな資料を読んだりして、仕事してるよ」

「先生もホームステイ？」

「食事、どうしてるの？」

などと次々に尋ねて来る。

「自炊なので、食べる物の買い出しに行って来るわね」

と言ってサウスランドモール へ。

夜、同じフロアーの学生たちがとても煩かった。ラテン系の言葉を話していた。彼らには、マナーがないのか?! うちの学生なら注意出来るが…。

母が倒れた夢を見たので、自宅に電話する。

迷惑電話に腹立ち

八月二十九日（火）晴れ

昨晩はひどかった。夜中の十二時を過ぎても大声でしゃべり、歩き回り、音楽に合わせて手を叩き、ランドリーの中で高笑いし、挙句の果て電話を掛けて来て「マルコ、会いたい！」だって。いい加減にしろっ！と言いたかった。一時近くになっても全く変わらない。奴らは一体何なのだ！　うちの学生も、このように他人に迷惑を掛けているのかも知れないと思うが、ここまでひどくはないと思うのは身びいきか？

八時四十五分、一階へ。便秘の学生、午後になったら目眩いのする学生たちに、果物等を取るように伝える。出来れば自分で買うのも良しと伝える。

十二時　120教室へ。CPと共に全員、バスでダウンタウンへ。そしてペキンハウスで昼食。その後CPと共に、それぞれのグループごとに市内見学。私はジャレットのグループに加わる。昼食時にナプキンの使い方、料理が運ばれた時や、下げられた時の学生たちの態度が気になり、テーブルごとに注意をする。料理が運ばれてきたら、ナプキンを膝に置く。その時に足を組んだりしない等々。

十六時頃、其々のグループは解散。ナターシャが、どう言う訳かグループのメンバー半分を置いて帰ってしまったので、ジャレットがその学生たちの面倒まで見てくれた。その為に、私達のグループの解散は最後だった。

コーンウォールでは、学生たちがギャップというお店で色んな物を買っていた。このメーカーは、日本より安いからららしい。私はジャレットとコーラを飲んだ後、学生たちを見回った。

十八時頃、漸く自室へ。疲れたのでそのまま眠ってしまう。これは、今日の疲れだけではなく、昨日一時間ぐらいしか眠れなかったからかも…。

八月二十日（水）雨

朝四時頃、寒くて目が覚める。それ以降は眠れないので、本を読んだり、学生の資料を読んだりする。自分の仕事は全く出来ない。体中冷たくて、お湯で温まりたいと思うが、お風呂にお湯を入れる音が近隣の部屋に迷惑になるかもと思って我慢する。七時二十分頃漸く湯船にお湯をいれ、温かいお風呂に入って少しマシになる。しかしホッと一息もつかないまま、一階ロビーへ。

八時四十分に私が降りて来るのを待っている学生がいた。

「課題を替えたいのですが…」

と終了時のプレゼンテーション（個人発表）の課題について言って来るので、担当の方にその事を言うように伝える。今日は誰も遅れずに来ていた。便秘の学生は、お通じがあったと嬉しそうに言う。目眩いがすると言っていた学生は、まだ治まらないらしいので、明日もそのように言うなら、ビタミン剤を買って飲ませようかとも思っていた。すると一人の学生が

「先生、お弁当忘れた。どうしよう?」

と言って来る。仕方がないので二階のカフェテリアで昼食を取るように言う。

きょうは、お昼休みの時間に、学生たちと話をしたい旨をペコさんに言う。彼女は、それを快諾して下さった。

九時前に学生たちが教室に入るのを見届けてから、部屋に戻って朝食。その後、郵便局へ。そして雨に濡れながらレイクショアモールへ。寒くて物も言いたくなかったが、果物やドレッシング等を買う。セイフウェイより小さいスーパーだけれど、近いし少しの物を買うのなら、ここで十分だと思う。

十一時自室へ。軽く昼食を済ませて一階へ。ＣＰもペコさんもおられた。今日は何

もないと仰っていたけれど、色んな連絡事項を伝えておられた。漸く十二時二十分頃に私の順番が回って来た。そして以下の事を学生たちに伝える。

・パスポート等貴重品の保管を怠らない事。
・野菜類等が不足している場合は、果物などでビタミンを補給する事。
・胃もたれの時は、発砲性の水を飲む事。
・日本への電話は時差を考えてする。たとえ親兄弟であっても、とんでもない時間に電話をしない。寂しくなったから、話したくなったからと、自分の感情のままで行動しない。我慢すると言うのも学ぶべきだし、親しき仲にも礼儀あり、ということも学ぶべきである。これは言語学習以前の問題であると。
・言語学習以前の問題としてもう一つ。何かをして貰ったら、必ず大きな声で「有難う」を、そして他人にぶつかったりなどした時は「すみません」と必ず言う事。昨日のペキンハウスでもお料理が運ばれて来た時は「有難う」と言ってナプキンを膝の上に、お皿が下げられる時も「有難う」と云わなきゃだめだった事。カルガリー空港で注意したでしょと促す。そしてこのような事を学ぶことだって国際人としての嗜《たしな》みなのだからと伝える。

・また国際人になる為に、こちらでお世話になっているのであるが、色んな面で恵まれ過ぎていることを自覚してほしい。例えば

ホストファミリーの、空港での出迎えや大学への送迎。

大学のきめ細かいカリキュラムの編成。

ＣＰが下手な英語に根気よく付き合って下さること。

先生方も下手な英語を何とかマシにしようと熱意を持ってくださっていること等々。

これらは全てたいへん恵まれているからであって、決して普通、当たり前のことではない事を自覚してほしいと、自分の経験も加えて話した。こんなに恵まれた中で勉強しているのだから当然感謝しなければならず、その気持ちの表し方は勿論「有難う」である。そしてその上に、自分の英語能力の上達があるのだということを解って欲し

いと伝えた。

十三時から手工芸の時間だったらしいが、私は「入植者について」の授業だと勘違いしていて、ドラッグストアへ行ってしまった。早くビタミン剤を学生に飲ませたいと思うばかりに…。大失敗!! 私もクラフトしたかったのに!

九月八日の夜、ヘザーウエストさんから夕食の招待があるとか。

二十一時三十分、又々騒がしくなってきたので「五四七五」へ電話して、その旨を伝える。何故こんなに騒々しいのだろう?

十八時三十分頃、樟葉へ電話。大(甥)の誕生日だから。けれども留守。

八月三十一日(木) 曇り

昨夜は、ひどかった。九時三十分頃に五四七五へ電話したが、一向に静かにならず。

十一時四十五分頃に「静かにしてよ！」と言うが、これまた一向に効果なし。あまりにもひどくて部屋に居られなくなったので一階へ。そして外に出たのは良かったが、ロックアウト!! 二時前頃に西棟に漸く入れたが、保安係は二時までにこの場所に戻らないと言う。それでそれまで待っていて、彼に訳を話し、無線で連絡を取って貰ってL1棟に戻れた。「このような時はね、こうするんだよ」と連絡方法を教えて下さったが、このような事は、一度で十分だと思った。

その後、二時半頃に部屋へ戻るが、まだまだひどく、漸く誰かが注意したのか、静かになったのは随分後になってからだった。それでベッドに入って、眠ったのは四時頃だった。しかし眠れないまま、八時四十五分に一階ロビーへ。（そしてその後、二階へ行って、昨晩の事を担当者に話す。）

学生たちは、今日も何とか間に合うように来ていた。眼鏡を失くした学生が話したいと言っていたので、お昼に会う約束をした。その後、部屋に戻って朝食。郵便物を出しに行ったり、資料の整理をするが、眠い事この上なし。

お昼にはペコさんやアンドレが、カヌーのパドリングや映画について説明して下さっていた。しかし途中で化粧を始める学生がいたので、慌てて止めさせた。二人の説明の後、ペコさんが「先生、何かありましたらどうぞ」と言って下さったので「話をして下さっている時に、化粧をするなんて失礼でしょ！」と思わず言ってしまった。ホント、失礼にも程がある。

次に名札。首から掛ける事になっているのに、誰も掛けていない。昨日もペコさんから言われたではないか⁉　それを言うと各自取り出したが、ひどいのは忘れて来たのもいて、空いた口が塞がらない。情けなくなる。言うだけ言って、部屋に戻って来た。

二時頃に一階へ行き、午後の予定、明日の予定を確認していたら、ペコさんが来られたので一時間位話し込む。

- 「授業中にペロペロキャンディーを食べている学生がいるけれど、大学では許されているのですか」と言われて驚き、同時に恥ずかしくなる。
- ＣＰは皆Ｅ class（先方大学のトップクラス）の学生で、選ばれた学生であるとか。勿論ふざけ過ぎたりする時や、その他気になる時は、厳しく注意するけれど、気になる事があれば言って下さいと言われる。

シスターセリーンの第一回目シャペロンの時をよく引き合いに出されるが、他の方々の事は、あまり仰らない。私も後者の仲間にならないように行動しなければ…。

三時三十分に教室に集合し、そこからCPと共にバスに乗り、夕食と夜の散歩でサウスランドモールへ。バスに乗るまで「片側に寄って歩きなさい」と何度言ってもだめだし、バスに乗ったら乗ったで大きな声で話をする。隣りの婦人が迷惑そうに顔をしかめる。乗り換えの時に「失礼しました」と言ったら「大きな声で話をして！」と言われてしまう。私も同感だったので、乗り換えのバスに乗った直後に注意をするが、一瞬だけ。降りた後も広がって歩くわ、歩くわ！　何度、「片側へ！」と後ろから叫んだことか。一人出ているな、と思ったら、案の定車が来て、慌てて飛び退いていた。言わん事じゃない‼

ケルシー（バーガー店）でコーラとチキンバーガーを食べた後、課題を出されて、それぞれをCPと共に調べる。その後ショッピング。そして七時五十分に再集合。八時にホストファミリーのお迎えだけれど、三十分過ぎても迎えが来ない家庭もあった。私は来られるまで待っているつもりだったけれど、ペコさんは「私がいるから、先生は大学へ戻って下さい」と言われたので、マイクと共にアンドレの弟の車で送って貰う。

九時三十分にペコさんから電話が入り、全員帰しましたと連絡があった。それでその時に、ホストファミリーから「ディスコに行くと言っているけれど良いのか」という質問を受け、「私は許さない」と言った事を話す。驚かれたようであるが、やはり私と同じ意見で、「よろしくない」と仰った。それで「明日、カヌーに行く前に、先生からその事を仰って下さい」といわれたので、明日言うつもりである。さて、どのように言おうか？　ガツンと言ってしまいそう。

九月一日（金）曇り

八時五十分に教室へ行く。ペコさん始めCP、そして学生もすでに集合していた。お知らせや今日のスケジュールの説明の後、私から注意事項を伝える。

・人の話をよく聞くこと。

・約束事は守る事。

例えば道路は片側に寄って歩く。人が通る場合は通路を開ける。バス乗車時は、貸切りでない限り、大声で話さない。授業の時に、ジュースや菓子類を食べたり、机の上に置かない。

・ディスコ、酒場等へは出入りをしない。

軽はずみな行動が、ホストファミリーや大学にどれだけ迷惑を掛けるか、そして仲間に嫌な思いをさせるか。もし、このような行動をする学生がいたら、その後の予定を全てキャンセルして全員帰国する。全体責任だから等々。その後ペコさんが、外泊

一面が黄色い広大な麦畑

は全面禁止と言う事を加えて下さった。

それからワスカナ湖へカヌーを乗りに行く。しかし寒いの何のって。漕ぎ方、カヌーの乗り降りの説明を聞いていても、寒くて仕方がない。カメラやビデオを持っていても手が震える。

その後、湖へ漕ぎ出したが、風が強くて危険だという事で湖岸でゲームを楽しみ、その後ウィローアイランド（島の名前）でウインナーソーセージを焼いて食べたりした。しかし、ここでも寒くて、私はライフジャケットを離せなかった。

スケールが大きいカナダの麦畑

その後、テンプルトン氏の農場へスクールバスで行く。彼はホームステイをお願いしているアン・スミスさんの友人だとか。大農法で大麦を作っておられる。さすがカナダ。スケールが大きく、見渡す限り辺り一面が黄色い麦畑。人もいないし、家もない。個人で来ているとしたら、きっと沢山原稿が書けるだろうと思った。しかし仕事だし…。

農場見学後、八十九歳と云うアンのお母さんが作って下さったアップルパイをご馳走になる。私はその間に、テンプルトンさんに案内されて、一階の各部屋を見せて頂く。大変機能的で美しかった。一番驚いたのは、グラスルームに温泉があった事だ。寒い冬に、ここに入って楽しむのだとか。素晴らしい贅沢だと思う。

また、大きな納屋で小麦についての説明もして下さった。パスタ用、小麦粉用、パン用等、小麦でも用途によって種類が違い、大きさや色が異なっている事も教わった。

小麦は一種類だと思っていたが、種類の多い事!!　学生たちにも説明してやらねば…。

お宅を辞する時に、家の中を汚していないか、お世話になった方々に挨拶をしたかどうかを学生に尋ねる。言っていない学生もいたので、見送って下さる方々にも「挨拶をしなさい」「お礼を言いなさい」と言わなければならない。一体どういう家庭教育を受けているのかと思った。

六時前に自室へ。寒くて体が冷たくなっていたのでお風呂へ。その後、テンプルトンさんとアンのお母さんにお礼状を書いた。日本から持って来たちょっとしたお土産と共に送ろうと思う。一日中寒かった為か、頭がクラクラする。何もしたくないし、食べたくもない。しかし薬だけは飲む。兎に角早く横になろうと、うつらうつらしたら、電話。こえだのホストの、ダーリーンからであった。みかのホストのアイリーンの親族が亡くなり、お葬式に行くので、彼女を泊めるが、良いかという事である。今朝、ペコさんから外泊は許可しないという注意があったばかりだけれど、特別だからと許可し、ペコさんには私が伝えると言った。それで目が覚めて、重い頭のまま起きていた。

九時三十分頃、ペコさんから電話。九月四日に夕食の招待を受ける。彼女はまだ大学のオフィスにいらっしゃるらしい。すごくタフだと思う。私はもうボロボロなのに。ダーリーンの電話の件、今日の農場訪問の御礼等を伝える。学生それぞれが、お土産まで頂いて帰るなんて…。それで何もお礼をしないのは失礼すぎる。兎に角私は、お礼のカードと持ってきた博多人形を送ろうと思う。

九月二日（土）雨風が強い

朝七時過ぎに目が覚めたが、頭が重くてどうしようもない。顔は浮腫んでボコボコ。ミゼラブルな姿である。お風呂に入ったら少しはマシかな、と思いお風呂へ。少しさっぱりした。

何も食べたくはないけれど、何か食べないと薬が飲めない。そう考えていたら電話があって、部屋の掃除をしたいと言う。重い頭と体を引きずってロビーへ行き、そこで資料に目を通す。しかし寒い。外を見るとどんよりしていて、その様子と同じように私の体調もどんよりしている。

漸く部屋に戻って横になる。何もしたくない。

目が覚めたら四時十五分だった。五時からポトラックパーティー（持ち寄りパーティー）なので、それから身支度をはじめる。

四時四十五分に下のロビーへ降りて行くと、皆準備されていた。お手伝い出来なかった事を申し訳なく思った。

五時過ぎからパーティーが始まった。素晴らしいご馳走を、テーブル毎に取りに行く。何故か、日本の「お寿司のもと」で作られたお寿司が多く、それに人気が集中していたのは、意外であった。矢張り若いと言えども、学生たちも日本人なのだ。

一通り済んだら、次はサンタの登場。それぞれにギフトがあった。その後、歌を歌ったりした後、「先生、最後にホストファミリーの方に御挨拶をお願いします」と言われ、挨拶をする。その後お開き。後始末をして自宅に戻る。ぐったり。

九月三日（日）雨風が強い

七時過ぎに目覚めるが、外は雨。そして風が強そうだったので、もう少しと思ってウツラウツラする。

九時半頃、ペコさんから電話。今日も六時半頃にロゼッタが迎えに来てくれるという。「たぶん、肉を食べに連れて行ってくれるのでしょう」と仰る。昨日電話をしたけれど、九時を過ぎても留守のようだったので、ロゼッタには連絡しなかったのだ。

その後、ゆっくりブランチ。そして資料の整理等をして過ごす。

四時頃から空が明るくなって、太陽が出て来た。嬉しい。

六時二十分頃に玄関へ。ロゼッタが御主人のオスカーと一緒に来て下さる。その後、ゴルフ（レストラン）へ。とても豪華なレストランだった。クアーズライト（ビールの名）を久し振りに飲んだ。メインディッシュは、アルバーター牛の野菜ソテーにした。肉が柔らかくておいしかった。コーヒーはカナダで初めて飲んだが、これも美味しかった。

九時に自室へ戻る。お風呂の後は、読書をしてそのまま眠る。

その後、廊下の物音で目覚める。二時過ぎである。その後眠れず、読書をしたり、あれこれ考えたり、そのうち、ビデオのバッテリーの替えを忘れた事に気付き、日本に電話をする。「そんな夜中に何してんの？」と妹に言われるが、兎に角送って貰う事だけ言って電話を切る。何故か眠れなかった。

九月四日（月）曇り　勤労感謝の日

何故か眠れないままウトウトしていたら電話。八時三十分であった。一体誰かと思ったら明美（妹）。「お姉ちゃん？　電話番号間違って教えないでくれる？　何回電話しても違う所へ繋がって、相手に悪いでしょ！」と言われる。「漸く繋がったから、私、もう寝るよ。十一時半だからね」と文句を言うだけ言って電話を切る。せっかく眠れそうだったのに。

十時半頃に電話。こえだのホストマザーのダーリーンから「今日の夕食に」ということであったが、ペコさんから招待を受けていたので、お断りする。その後、資料の整理。

食事は進まず、紅茶とクッキーを少々。

五時にサリンジャー氏（ペコさんの御主人）が迎えに来て下さった。物静かな紳士である。御自宅は閑静な住宅街の一画で、とても素敵なお住まいである。それなのにその住宅は日本円で二千三百万位だとか。前庭は花が沢山咲いていて、裏庭には沢山の野菜が育っている。あんなに毎日精力的に朝から晩まで働いていらっしゃるのに、家の前後の庭の手入れは見事だし、家の中はきちんと整っている。私は家のなかをきちんとするだけでもフーフーいっているのに…。彼女（ペコさん）は、すごいパワーがある。色んな事を話して十時過ぎに失礼する。

九月五日（火）曇り

夜二時頃に眠ったのに、六時前にはもう目が覚める。よく眠る私なのに、珍しいこともあるものだ。どう言う訳か眠れない。眠ろうと思うが、眠れなかったので準備をする。そしてゆっくり朝食。昨晩、ペコさんから頂いた食事で、純和風である。何日振りだろう。

八時四十分に玄関ロビーへ。名札を忘れた学生がまだいる。かえでである。しかし、全員が元気なので一応安心。九時前に教室に行くように指示し、私は二階の事務室へ。そこから日本の我が大学へファックスを送る。

その後、ビデオとカメラを持って、各教室やCPとの個人レッスン風景を撮る。そして中断した後、御礼状等を送る為に、学内の郵便課へ。料金を見て貰った後、購買部へ行ったら、ずら～と二列に学生たちが並んでいた。今日から新学期なので、沢山の学生！ 漸く切手を買ったら疲れてしまって、ビデオや写真を撮るのが嫌になってしまった。けれどもその前に、買った切手を品物に貼り付けて投函。封筒やカード等は、夜にする仕事として置いておく。

その後、また教室の様子などをカメラとビデオに収めて自室へ。今日、明日は料理体験で、二日に別れて少人数でホストファミリーへ料理を教えて頂きに行く日である。私はバン・シンネケン婦人のお宅へ、三人の学生たちとお邪魔することになっている。十二時三十分に１４５教室へ行って説明を聞く。

CPとの個人レッスン

えりに先日皆にアップルパイを作って下さったおばあちゃんが、どこに住んでいらっしゃるかを尋ねる。そしてお礼の品を渡したいので、彼女に持って帰って貰えるかを尋ねていたら、説明の時間に遅れてしまった。

その後、説明を聞いていたら、五人位が遅れて教室に入って来た。そして椅子や机を大きな音で動かし始めたので、「遅れて来た上に、大きな音を出さないの。遅れて来たのに座ろうなんて厚かましい。立っていなさい！」と一喝。学生たちに、これも他者に対する配慮であり、マナーだという事を理解させる。

ペコさんの説明の後、彼らにもう一度言う。

「遅れる事自体が失礼なことなのに、その上大きな音を立てて机や椅子を動かすなんて失礼にも程がある。話して下さっている方に失礼でしょ？　それに最初から来て話を聞いている友達にも失礼じゃない。遅れたら、後ろで立ってるの。解った？」

一応、首をうなだれて「はい」としおらしく答えていた。「それじゃ、早く玄関ロビーに行きなさい」と言ったら、元気よく飛び出して行った。

心のこもった接待に感激

玄関でタクシーに乗って、西区のウッドウォード通りのバン・シンネケンさんのお宅へ。小奇麗なお住まいである。

Mushroom Rollups（きのこ巻き）をまず作り、Rise Surprise を作る。それからさらに Pizza Buns と Surprise Spread（タコスのようなもの）を作り、御馳走になる。どの料理もチーズがたっぷり。さすがオランダからの移民の方だけあって、チーズが中心になっているのに驚き！「時間がかかるから、玉ねぎのみじん切りやチーズのスライス、マッシュルームのスライス等の下準備は、朝からしておいたのよ」と笑いながらキティーさんは仰るけれど、とても大変だと思った。「大変だったでしょ。ごめんなさいね」と言ったら「いいのよ。私はこういう事をするのが好きなのよ」と笑って言って下さる。ご好意が身に沁みる。

帰る時は、それぞれに作った物を持たせて下さった。ペコさんの分も頂いて帰る。その上、ご主人がコーンウォールセンターまで車で送って下さった。何から何までお世話になってしまい、有難い限りである。今日は自由参加で、CPと映画を見に行く夜である。ペコさんが来られるかと思って待っていたが、来られないというので、彼女の分を持って部屋へ戻った。七時頃。

留守電に両親から。その後母に電話。
アンのお母さんとテンプルトン氏へお礼状とお礼の品を送る。

九月六日（水）曇り時々霧雨

朝起きたら凄い靄が掛っていた。「朝靄の日中は良い天気」だと祖母がよく言っていたなと思ったら楽しくなったけれど、一向にその気配もなく、霧雨も降る寒い一日だった。

八時四十分頃一階へ。みきがホストマザーとトラブったことで、エレベーターを降りるなり、わめいていた。一応落ち着かせて、他の学生其々の顔色等を見る。今度はペコさんから、みきの件を聞く。私は、この件はホストの方の勝手な、と言うと失礼だけれど、我儘というか、自己中心的な考えから出ているものと思ったが、どちらからも、聞く時は黙って聞いていた。

九時前に其々の学生を教室に行かせてから、事務室へ。日本の我が大学からファックスを受け取るが、ここでもトラブル。私の真意が伝わらなかったようなのである。がっかりだ。自分の事はどう思われても良いが、こちらの機関へのご迷惑だけは避けなければいけないと思い、再度ファックスを送る。

その後、郵便局へ。そして少し時間があったので、ファーマーズマーケットを見る。人が多いかと思ったけれど、霧雨だったせいか少なかった。トマトときゅうりを買う。どちらも、とても小さい。トマトはピンポン玉ぐらいのが七、八個で二ドル、キュウリは私の親指位の太さで長さは十センチもない。三本買ったら十二セントだった。今夜はこれで野菜サラダにしようと思った。

その後、ぶらぶらとコーンウォールの方へ歩き、右側を歩いていたら、テディベアの店があった。店内はうす暗い感じだが、こんな田舎には珍しく、ぬいぐるみばかり置いてある。時間があったので入って見ると、テディベアは子供用だけでなく、収集家用の物もあると言って、色んなベアを見せて下さった。イギリスのハムズリー（ビル全体がおもちゃ屋さん）のように規模の大きさや派手さはないけれど、結構色んなぬいぐるみが置いてある店で見ていて楽しかった。素敵な物もあったけれど、カエルやタコのぬいぐるみは、どうも気持ちが悪くて、あれは頂けない。

その後、フードコートで食事をし、大学の自室へ。資料の整理をした後、明日の準備をと思った時に、明日の教室や持ち物が不明瞭な事に気付き一階へ。再度チェックした後、みきの事が気になって、ペコさんの部屋へ。

彼女は、みきのホストマザーに四十五分もつかまってしまったと仰る。しかも電話で。彼女はきちんとチェックして下さって、学生の事をいつも考えて対応して下さっているので、それを思うと申し訳ない気持ちになってしまう。みきには「伝言を貰ってすぐに電話を入れなかった事を謝るように」と言っておいた事を伝える。

すると次に、多文化料理の二日目の今日、ゆかが、勝手に自分はこの家に行くと思い込んで、ホストにその家へ迎えに来てくれるように約束していて、困った事だと仰った。ペコさんは、決して相手が悪いとは仰らないけれど、勝手な行動に対しては、感じが悪い事は確かである。次から次へと話題が尽きず、しかし遂にアレクシスが来たので失礼する。その後、自室で明日の準備。良い天気だと良いけれど。

我が大学の国際教育課の松田さんから電話。ファックスの件、誤解していたと言うことだった。研修後の旅行の件を依頼する。

九月七日（木）晴れ　日中暖かい

九時から１３２教室でムースジョーに行く今日の説明があった。本来なら十一日の月曜日であるが、スパが水漏れして閉鎖になるとかで、変更となった。説明が始まっても学生が一人たりない、二十分近く遅れてやって来た。みかである（後で尋ねたら寝坊したとか）。

ムースジョーの説明の後は、来週火曜日の小学校での日本文化紹介のグループ分けや、それについての説明もあった。その後、時間を少し貰って学生たちに伝える。

・これからバスに乗るけれど、乗り降りの際にはドライバーに必ず挨拶、お礼を言う事。

・バスの最前列はスタッフ用として空けておく。次に来る人への配慮を忘れない事。

・バスの中でも何処でも、けじめを付けて行動する。騒ぐ時は大いに騒ぐ。けれども人が話そうとする時は、静かに耳を傾ける。

・集合時間の十分前には必ず集合し、遅れない。

・関係者の指示に従う事。自分の思い込みで勝手な行動を慎む（これは昨日のゆかの勝手な行動に対するもの）。

・夜が寒くてよく眠れない人は、ホストに毛布を借りるように。その時は勿論、どんな時にも “Please, thank you, Excuse me, I'm sorry,, などを必ずつける。

言葉だけでなく作法も学ぶべきで、何処の国でも通用する人間性、人格を作るように心掛ける事。常に自分の内面を磨く事等も伝える。

その後、バスでムースジョーへ。バスに乗り込む時は、さすがに大きな声で運転手さんに挨拶をしていた。

アジア人の忍耐、勇気に脱帽

ムースジョーは地方のとてもこじんまりとした街であるが、とても悲しい歴史のある町だと知って、気が重くなってしまった（その割に昼食はしっかり食べたけれど）。それと中国人をはじめとするアジア人の忍耐、勇気に脱帽である。あの薄暗く陰気で、しかも不衛生な地下で、大変辛い思いをしながら、何年も同じ事をし続けていたとは…。中国人があらゆる国で華僑として活躍しているのは、彼らの、我々には真似する事の出来ないパワーによるものだと思う。

その後、食事を済ませてスパに入る。学生たちは「ギャーギャー」騒いでいたので、私は保養に来ていた方々に「すみません」「ごめんなさい」と謝り続けていた。しかし、そんなことを知らない学生たちは、皆楽しそうだった。

その後、リトルババリアというレストランで夕食。そしてその後、レーザークエストへ。三つのグループに分かれて二組のグループが闘うのである。レーザー光線の銃で相手を撃ち、撃たれた方は、五秒位銃を撃てなくなる（撃ったとしても、レーザーが発射しない）。そしてどちらのグループが勝ったか、誰が高得点を取ったかを、コンピューターで集計される。今風の楽しい遊びだけれど、若者向きだよなぁ。当たり前か、学生たちのレクリエーションだもの。

その後、ホストファミリーの迎えがあるまで、皆で歌ったりダンスをしたりしていた。私はその様子を見ていたが、ペコさんから呼ばれ、「ホストファミリーが迎えに来られますので、一緒にお見送りして下さい」と言われた。そこまで気が付かなくて反省する。

全員帰宅したので、私はジャレットとマイクに送って貰って自室へ。また今日も十二時を過ぎている。これからまた資料を読んだりしたら、一時過ぎ位に寝る事になるのかな？

九月八日（金）晴れ

朝九時前に二階の事務室へ。昨日は行かなかったので、ファックスが二枚。交通公社のコピーはとても読みにくく、八なのか六なのか判読できずイライラする。シスターセリーンからカードが届き、驚き、そして感謝。

132教室で注意事項や連絡事項があった後、ダラスバレー牧場へ。私はチャーリーのグループに入った。まず乗馬。スーという馬が性格の良い馬だったので助かった。他の数頭は、草を食べたり、動かなかったりなので、スーに乗れなかった学生たちは、

ダラスバレー牧場

かなり手こずっていた。

その後カヌー。湖まで歩いて行って、今日はカヌーをしっかりと漕ぐ事が出来た。もっとも私は乗っていただけで、マイクが一人で漕いでくれた。パドルがなかった事も理由の一つでもあったが…。

それから食事。私はペコさんが作って下さったおにぎり二個と茹で卵を持って行ったのだが、学生たちが「わぁ、おにぎり～、食べたい～」と口々に言うので、結局私はひと口食べただけで、学生たちに食べるように言った。

皆ひと口ずつ食べて、「美味しい」「美味しい」を連発していた。茹で卵もそうである。やはり日本的な物が恋しいのだ。

午後はバレーボールであったが、皆疲れているようだった。私はバレーボールのビデオを撮った後、乗馬を撮りに行った。午前中と違って、馬は大人しく学生たちに従っていた。その後、コートに再び戻ったら誰もいなかったので、一人で歩きながら周りの風景を撮ったりして時間を過ごした。

それからトラクターに乗せて頂いて農場まで往復した後、バスに乗って大学へ。バスの中では火曜日の文化交流で小学生に教える折り紙の練習をしていたが、全く下手。折り方も知らないので、教える羽目に。しかし火曜日は教員のストライキがあって中止になるかも知れないのだが、それは学生たちに言えず…。

部屋に戻って直ぐにディナーの準備。ヘザーさんが五時三十分に玄関に来て下さるから。しかし今日は天気が良かったので、日に焼けたせいか腕がひりひりして準備はゆっくりしか出来ず、歯痒い。

彼女の住まいは、大学から随分遠い場所にあるようだ。ご自宅はと言うと、あまりきちんとしていない感じである。雑な性格の方なのだろうか。

三十分位したら、お世話になっている学生が戻って来た。私が来ている事を学生は知らないので「今まで、何をしていたの？」と私が尋ねたら驚いていた。それからその学生の部屋を見せて貰ったけれど、足の踏み場もないいくらい散らかっていたので、思わず「片付けなさい。汚い！」と言う。

あとでヘザーさんにその話をしたら、「いいのよ、彼女の部屋だから」と仰る。寛大と言えば寛大だけれど、他所の家で世話になっていて、ここまで散らかすの？と言うぐらい散らかっていたのだから。それでも「いいのよ」と言う彼女は、人間が出来ているのか⁉

九月九日（土）曇り

朝から風が強く、ビュービュー吹いていたので早く眼が覚めた。と言うより、眠れなくて、目覚めたというか…。

起きても何かを食べたいと言う気持ちにもならず、シリアルを食べ、ダウンタウンの郵便局へ。その後、写真を現像した。全員で移っている写真と一緒に、大学報の原稿を送らなければならないからである。そうでなかったら、フィルムのまま日本へ持って帰れるのに…。

写真が出来上がるまでファーマーズマーケットをウロウロする。フルーツや野菜を買いたいと思うが、量が多すぎて無理。それからコーンウォールへ戻ってペコさんへのお礼を探す。日本からのお土産は既に渡しているので、お礼の必要はないかというと、そうはいかないと思うからである。あれだけ学生たちが次から次へと世話になり、それを嫌な顔一つしないでこなして下さる。それに対する感謝の気持ちである。これまでのシャペロンはどうしておられたのかしら？

その後、写真を受け取ってからフィルムを買ってコーンウォールを出たが、外は寒くてすごく強い風が吹いている。それなのに何故か、アイスクリームを食べたくなって店へ。日本と同じコーンに、丼鉢を逆さにしたような量のアイスがドカッと乗っていて二ドル弱。凄いわ！　ナント、全部食べて外に出たら、寒い事!!　当たり前！

自室に戻り、大学報の原稿を書く。

五時前に一階へ。そしてペコさんとゴルフ（レストラン）へ。五時半頃には学生たちが全員集合していた。アンドレは正装していてまさに紳士である。

まず飲み物。カナダでは十九歳からお酒を飲めるということなので、ペコさんと相談してカクテル等をオーダーしてよいと決めた。その後、スープ、サラダ、メインディッシュ、コーヒーか紅茶、そしてデザートと続く三時間のディナーである。日本では考えられない事である。

トイレに行くと、化粧室まで豪華な装飾で、そこでも学生たちは写真を撮っていた。

やはりこの街で一番のレストランと言われるだけあると思う。私は今回で二度目だけれど、何故かロゼッタと一緒の時の方が、肉は美味しかったような気がした。

マイクに送ってもらって帰る。留守電が入っていたので自宅へ電話。また、自宅へ戻ったら電話が。まどかである。「どうしたの？」と尋ねたら「いつも一緒にいるまさえやちよは頑張って喋っているのに自分はあまり喋っていないので、ペコさんはどう思っているのか心配で」ということであった。色々話して、「彼女はまどかの事を何も悪いようには思っていないから気にする事などないよ」と安心させて電話を切る。

ペコさんが気にする学生は、きくこである。明日ホストファミリーに電話をしなければ…。一体どうしたのだろう？

近頃、電話の調子が悪い。繋がらないので、下まで行って公衆電話を使わなければならない。とても面倒！

九月十日（日）曇り一時雨

何だか寒くて数回目が覚めたが、それでもゆっくりしようと思い、遅くまで寝床にいた。

九時頃に起きて食事をした後、大学報の原稿を校正。それから必要が無くなった資料を自宅に送る為に準備。大学の国際教育課からは「捨てて下さい」と言う事であるが、学生たちの資料をこの場で捨てるというのが憚《はばか》られて、どうもその気になれず、お金がかかるかもしれないが、家に送る事にする。写真もフィルム四個分を現像したので郵送するつもりである。どうしてこんなに資料があるのかわからないけれど、兎に角、必要が無くなった物は全て自宅へ送る事にする。

お昼前にきくこのホストファミリーに電話をするが全く繋がらないし、ペコさんのお宅も繋がらない。みかのホストファミリーにも繋がらない。この電話はまた故障なのか？

二時頃からレイクショア・スーパーへ。プレーリーを歩くのは気持ちが良い。ジャレットがビクトリア公園で、「素足で歩くと気持ちが良いよ」と学生に話していたけれど、全くその通りだと思う。

部屋にもどる前に一階の公衆電話から、きくこのホストファミリーに電話。ウルマン婦人が出たので、「学生がご迷惑をお掛けしているようで」と言ったが、「フフン？」と言う感じだった。その後、きくこと話したが、私が思っている程深刻な様子ではなかった。「先生、私の事、心配してくれてんのん？」と言う。「今、ホストマザーと話して、『ごめんなさい』と言ったのよ」と伝えたら「先生、そんなん、謝らんかてええねん」と言う。彼女は優しい子なのである。だからきっと強く出られたら、一歩も二歩も退いてしまうのだろうなあと思った。彼女にホストとのコンタクトの仕方等について色々話して電話を切る。

その後自室で、挨拶文等の原稿を書く。自分の持って来た仕事が全く捗らず、嫌になる。その上、何故か、右手首が痛くて悲しくなる。

今日は、赤飯、肉じゃが、中華風サラダ。

入浴後は、ピスナーと茶蕎麦、サーモン（思っていたより不美味い）で「日本食の日」。たまには、こうでなくては…。

九月十一日（月）

八時四十分頃に一階へ。学生たち其々の様子をチェックしてから九時前に彼女たちを教室へ送り出し、トーマスクックへ電話。出発の時間等を確認する。六か八か、○か六かがはっきり解らなくてイライラするので、柳谷さん（担当者）に、ペコさんを通してファックスを送ってもらうことにした。

その後、自室に戻り、郵便物を持ってダウンタウンへ行こうとバス停へ。すると道の向こうからマイクがやって来た。ダウンタウンの郵便局へ行くと言ったら、自分も用事があるから車に乗せてあげるとの事。彼は自転車で大学へ来たところなのに、わざわざ引き返してくれた。それで私も彼と同行し彼の家へ。

白い素敵な佇まいの家だった。「カナダ人の家を見てよ」と言って、家の中を見せてくれた。感じの良い内装で、きちんと整頓してあった。お母さんの趣味が良いのだろうなと思った。二階は両親の寝室から地下室まで見せて貰った。マイクはおぼっちゃまだと思った。

その後、彼の車でダウンタウンへ。郵便物を出してシアーズへ。テーブルランナーを見た後、帰りのバスの時刻表を見ていたら、またマイクに出会う。「もう一軒行くところがあるけれど、それから帰るだけだから乗りませんか」と言われ、またまた言葉に甘える。大学まで送って貰ったあと、学生用の駐車場へ車を置くのかと思ったら、家へ帰ると言う。わざわざ私を大学まで送ってくれたのだ。申し訳ない事をしたと思った。

筆者も試射体験

十二時三十九分頃に120号教室へ行ったら、もう説明が終っていた。驚きである。その後、バスでワスカナ・ピストル・クラブへ。マイクとジャレットが同行してくれた。クラブに着いて、担当の方からピストルの扱い方を教わる。彼が説明を始めても、ソファーに座ったまま足を組んで大きな態度をしている学生たちに、思わず「立ちなさい！」と言う。失礼この上もない学生たちである。驚いたのか、全員飛び上がるように起立した。

取り扱いや撃ち方などの説明の後、全員が十発ずつ二回撃たせてもらった。持つ時はドキドキ、撃つ時はもっとドキドキした。狙ってもなかなか中心に行かない。テレビや映画で、ピストルを撃つ人は、なぜいとも簡単に自分の思う場所に撃つことができるのだろうと思う。まあテレビや映画だからかも知れないが…。大変貴重な体験が出来た。

緊張気味にピストルを構える筆者

四時過ぎに大学へ。その後ペコさんと話す。きくこの件である。話している時にまどかが来る。それからまた話を続け、次にバンクーバーでの自由行動についてまで話が及ぶ。

今日彼女は、ロゼッタの事を言って憤っていた。ジョン（中国系移民の子息で成績も性格もとても優れた学生）に掃除をさせるといったら、「そんな、タイラにさせるなんて」と言ったらしい。「自分だって南アメリカから来た移民ではないか」とかなりの剣幕であった。そう言われてみれば、先日ゴルフへ行った時に思ったが、あまりアジアに興味がなさそうだし、日本なんて、という気持ちがあるのでは？と私も思ったが黙っていた。

五時前にきくこが来て少し話をし、その後自室へ。何故か疲れた。

九月十二日（火）

八時四十分頃に一階へ。この頃は、学生たちもあちこちに散らばるようになったので、私もあちこち歩かなければならなくなった。一階から二階へ行ったら、きくことまどかが売店へ行って帰って来ないと言う。もう九時で授業が始まるのに…。それで売店へ行くが、二人ともいない。

見に行って戻って来たら、きくこが一人外で腰かけていた。尋ねると、何かゲームをしていて、自分は外に居るのだと言う。まあそれならと安心する。

午前中は自室で雑用。十二時前に一階へ。それからバスでラムズデン小学校へ。子供たちに折り紙や日本のお金、下駄、そして扇子等を紹介していた。しかし教え方がすこぶるまずい。その上ひどい英語。最初は黙って聞いていたけれど、小学生が理解出来ないだろうと思い、思わず口を挟んでしまった。

三時に自室へ。それからサウスランドモールへ。セイフウェイで牛乳と林檎を買うつもりだったが、なぜアヒルの置き物まで買ってしまったのか？

トーマス・クックへ電話。最終日のバンクーバーでの夕食について尋ねる。今日バスの中で学生たちに尋ねたら、最終日の夕食は、「打ち上げ日」とし、日本料理が良いと言うので、それをどうするかである。皆、日本料理が懐かしくて仕方がないのだ。小学校からの帰りに、ペコさんから尋ねられる。「このようなセミナーの間、どなたかの、例えば天理大からどなたかをお招きして話を聞くと言う事は、どうでしょうか？」と。私は別に天理大からわざわざ招いてカナダで講演をして頂かなくても、カナダでしか体験できないような事を、例えば今までにしてきたピストル、乗馬、カヌー、多国籍料理、日本文化紹介等をしてこそ、こちらへ来た甲斐があるというものだと伝えた。有難い話なのかも知れないけれど、現地でないと出来ない経験を通して英語を学ぶ方が、ずっと身に付くと思うとも伝える。それでなくとも、レベルダウンなのに…。表面的な、上辺だけのアカデミックなものなんて必要ないとも伝えた。

木曜日は、女性だけのティーパーティーだって。

右腕、相変わらず痛い。辛い。

九月十三日（水）晴れ

このところ良い天気が続いている。午前中、といってもお昼に近い午前にダウンタウンから三つほど手前のレジャイナ・イン・モールの前で降りる。その後、ダウンタウンへ行き、ワスカナ・ピストル・クラブへお礼の品とお礼状を出すために郵便局へ。

それから、カナダプレイスへ行って、小さな国旗とピンを貰った。「持って来なさい」「付けなさい」といっても忘れる学生たちの為に、これらを貰って大学へ戻る。

図書館棟の廊下で現地学生たちがネックレス等を売っていたので、一つ十ドルで買う。きくこは「先生、十ドルは高いで」と言ったけれど…。それから他の学生が「先生、今日、アンドレが先生と食事に行くて言うてたけれど、行くの？」と尋ねる。「そうよ、だって、貴方がたが、あれだけ世話になっていて、『有難う。さようなら』では失礼だと思わない？　やっぱり何かお礼が必要なんじゃない？」と私。「そうやな。そらそうやわ。先生、ごめんな」ときくこが言う。

その後、自室へ。ダンブリー（レストラン）へ六時に。マイクがピックアップしてくれた。ジョンが来るのが遅くて待っていたが、漸く来て始める。

それぞれに好きな物を注文するように言う。そして私は、日本から準備した博多人形を、CP全員に手渡した。皆とても喜んでくれた。そしたら、彼らから寄せ書きと熊を頂いてしまう。何だか恐縮してしまった。

その後は喋って笑って、涙が出る位笑った。十時頃にお開きとなり、その後、ペコさんに、地元の人が行くと言うバーラウンジへ連れて行って頂いた。カウボーイが出入りするような雰囲気の、とても素敵な店で、葡萄酒のようなビールを飲んだ。美味しかった。その後、三十分位話した後、大学まで送って頂く。

ほぼ一段落、しかし研修終了後の、バンフやバンクーバーの旅の事を考えると憂鬱である。

九月十四日（木）

九時から各自のプレゼンテーションがはじまった。一クラス一時間位ずつ見て、十二時前に終った。

午後は一時半からと思っていたけれど、十二時半頃にペコさんから電話があり教室へ。彼女はそこで昼食を食べながら、色んな話を学生たちにして下さっていた。益々、これから先の旅は憂鬱でどうしようもないと感じてきた。

一時半からペコさんにまず話をして貰った後、三時過ぎまで、旅行の日程や諸注意、修了式、空港での事等を伝える。学生たちは、ちゃんと理解出来ているのかどうか…。その後、学歌を練習させる一方で、リーダーを呼んで、グループ行動の時のリーダーシップに付いてもう一度自覚させる。そしてもりにダブルブッキングのホテルの件に付いて話をして、了解を得る。

七時から七時三十分までの間に、メアリンが迎えに来て下さるというので、それまで自室で待機。

四時三十分頃にペコさんから電話。私の本の事や学生の事、アンドレの事等、色んな事を話す。アンドレは若いのに、何て素晴らしい人なんでしょう‼ 感心してしまう。

七時四十分過ぎにメアリンが玄関へ来て下さって、ご自宅へ。白い素敵な佇まいのご自宅である。リビングはブルーで、キッチンは白で統一してある。素敵だとしか言いようがない。

色んな話しをした。「トラブルメーカーがいて、その学生が約束を守らない場合は、全てをキャンセルして帰る」と言ったら、「その学生（達）だけ？」と仰るから「全員で帰ります」と答えると、「厳しい！」と言われた。

コーヒーとピーチパイをご馳走になった。ピーチパイはお代わりまでしてしまった。「とても美味しかった」と言うと、「今度来たら、作り方を教えてあげるから、また来なさい」と言われた。

十一時過ぎに自室へ。さすがに今日は少し疲れた。

私は切れた「いい加減にしなさい！」

九月十五日（金）晴れ

九時から成績等の結果発表で、このプログラムについての評価と現地研修機関の説明が十時過ぎくらいからあった。しかし説明をして下さっているのに内職はするし、私語はするし、で、私は切れた。「いい加減にしなさい！」と遂に言う。それまでに何度か「机の上の物を下に置きなさい」などと言っていたけれど、全く改まらなかったからという理由もある。

その後、サスカチュワンホテルで、歌の練習が始まろうとしている時に、またまた遅れて来たのが同一人物であった。「いい加減にしなさいよ」と言ったけれど納まらない。二時半にDr．ラロンドとの会見があるので、三人の担当の先生と帰る時に、切れている私は彼らに言う。「これが最後よ。これ以上同じ事をすると、全員で即、帰国するからね！」これから四日間、どうすればいいのかと憂鬱である。

二時三十分からDr．ラロンドとの会見。歴史が専門だと仰っていた。建物は全て自分のデザインだとか。今度来た時は、あちこち旅をすればいいとか等々を言って下さった。

三時三十分頃から自室で荷造り。別に何も買った覚えがないのに、何故荷物が多いのか？

六時頃電話。きくこである。スーツケースが入らないと言う。どうすれば良いか？等々。

七時十五分、二階の式場へ。マイク、アンドレそしてジョンも今日は紳士である。

七時三十分、修了式開始。終了後は、早々に引き上げる。

十時過ぎに電話。ゆかが終了証書を忘れたらしい。いい加減にしろと言いたい。ペコさんに尋ねるが、なかったと仰る。

十一時頃電話。まどかが、カメラのケースを失くしたけれど、なかったかと言う。またか、と思う。

その後、荷造りやお世話になった方々にお礼状を書いたり等々。疲れた!!

九月十六日（土）晴れ

六時前に起きて荷造り。七時三十分頃には部屋を出た方が良いと思うから。

七時半頃に二階の宿舎の事務室へ鍵を返しに行く時に、エレベーターで東洋人の男性が入って来て話し掛けて来た。ウルサン大学（韓国）で教えていて、シャペロンとして来ているんだと言う。この人がペコさんから聞いていた人かと思った。「新しいスーツケースに傷がついた」と憤った事等々色んな事を言ってペコさんを悩ませている人かと思った。「ウァー」と思ったけれど、失礼のないように話した。彼は私のたくさんの荷物に気付き、二階へ降りて、そして一階へ降りてヨタヨタしている私を助けて下さった。

ペコさんが来られたので、彼女に返す荷物を…と思っているが、何かと話し掛けてこられるので困った。さらに名刺がないからと、切れ端の紙に自分の名前を書いて私に渡して下さり、私にも同じ事をするようにと言うが、それどころではなく、しぶしぶ名刺を渡す。

さぁ、カルガリーへ移動

その後、ペコさんの車で空港に向かう。韓国人の彼は、矢張りスクランチ（バリバリ砕くの意味）氏であった。ダーリーンに対してもペコさんと同じ意見で嬉しかった。

空港に到着して早速三十三名分をチェックインする。学生たちはそろそろ集まって来たが、どの学生も全て"heavy"のタグを付けられて嫌になった。しかし彼女たちは平気である。一人がかなり遅れ、イライラ。遅れて来ても悪びれもしない事に、また腹立たしさを感じる。

九時十分頃に出発ゲートへ。沢山の人が来て下さっていた。学生を集めてお礼を言わせたが、指示通りにせず、またまた嫌になる。その後ボディーチェックの外で、荷物の取り忘れ等を見ていたが、「ワァーワァー」泣くし、全く指示通りに出来ない。彼女たちの対応に手こずって、ペコさんやCPにお礼の挨拶を十分に出来なかったのが悔やまれる。

九時四十五分を少し過ぎて離陸。カルガリーへ。

十時四十五分、カルガリーに到着。到着ロビーから荷物受取へ。その途中でベン（ガイド）が待っていてくれたので合流。

全員の荷物が無事に手元に。その後、バスへ各自で運ばせようと思うが、重くて時間がかかる。ベンは「ポーターを使えば良い。その方が時間もかからないから」と言う。彼は時間がかかるのを煩わしく思うようだ。

その後、タワーで昼食。相変わらず"Thank you" "Please" が言えていないので注意をする。するとベンは「そのような事は、子供の頃、よく母に言われたよ」と笑って言う。そう、私は二十歳前後の大人に向かって言っているんだもの、笑われても仕方がない。彼の嘲笑に内心腹立たしく思う（身びいきかも知れないが…）。

その後、バンフへ。途中、何故こんなにバスがノロノロ運転なのか気になっていたが、漸く理由が解った。運転手がベンに言ったのだ。彼らは二人で話す時はフランス語で話し、私は理解出来ないと思っていたのだろう。しかし私は聞いていた。運転手はベンに言ったのだ。「スーツケースが重すぎて、ブレーキが効かないよ」と。やっぱり！

それで、今度は私が学生たちに日本語で報告。彼らには解らせたくなかったから。それで彼女たちは、漸く事の重大性を理解出来たようである。"heavy"の赤タグを付けられ、ベンから日本へ帰る時に別料金を取られると言われても、あまりピンと来なかったらしい。しかしこの事実を話し、「今晩、部屋でスーツケースを詰め直すのよ」と言ったら、彼女たちはついに解った表情になった。

四時過ぎにホテルへ到着。ロビーで鍵を渡し、部屋へ入ったら、必ず電気、水道等をチェックする事などの注意事項を再度伝える。その後、スーツケース等を自分で運びながら各自部屋へ。私だけが一階。部屋へ入るなり煙草臭くて気分が悪くなった。フロントへ連絡したが、予約時に何も言っていないのなら仕方がないと言う。けれどもあの部屋にいる事も出来ないから、部屋を替えるか臭気を失くすようにするとか、と言うと、臭気を失くすと言う。暫く部屋を出るから、その間にするように伝える。

荷物を全てそのままにして、学生たちの各部屋を廻る。水道、電気等に不備がないか、きちんとした部屋かどうかをチェック。一時間後に部屋に戻ったら、すごい音をたてた機械が部屋の中央に置いてあった。少し臭いが消えたかなと思ったが、靴だけ履き替えてロビーに。

集合時間より十分早かったが、半数以上の学生たちが集まっていた。各班の点呼で、全員揃った班から、自由行動にさせた。全員外出したのを見届けて私も外出。

バンフは、街全体がそんなに大きくなく、日本の軽井沢のように品があって素敵な街だと思った。リゾート地だという事で、静かな、ゆったりとした時が流れている街である。だから人気があって、ホテルの予約も難しかったのだろう。

夕食の三十分前に帰室。部屋では機械がガンガン音を立てていた。今度はこの音が気になったが、兎に角ロビーへ。

食事はベンから説明があった場所ではなく、違ったところだった。別のホテルになった三回生二人も揃って食事。昼食事に注意したからか、料理が運ばれて来た時には、皆大きな声で"Thank you"と言っていた。

別のホテルになった三回生に、「フルーツバスケット」がちゃんと付いていたかどうかを確かめる。トーマス・クックは何となく信じられないから。

食後、テーブルマナーについて、そしてフォーマルウェアーについて話す。ナプキンを膝に置くのは良いが、足を組まない事（足を組んで食事をしているのがいた）や、フォーマルウェアーについては、今後の彼女たちに必要だと思って話す事にした。英語に関しては、第二外国語と言う事で容赦して貰えても、マナーに関しては、容赦して貰えないのだから、と彼女たちに説明。さらに、言葉だけでなく自分の内面も国際的になるようにと再度諭す。

十時に各部屋を再び廻る。ブレーキが効かないと言われた事がさすがに応えたのか、どの学生もスーツケースを詰め直していた。中にはどれが重いのか解らない学生もいて、私が代わりに荷物を詰め直す羽目になったり…。私は一体何なのだと思ってしまう。

十二時過ぎに帰室。各部屋廻りは三十分位で終ると思っていたが…。その後、私も荷物の整理。まず書類の整理（これが自分の荷物より大切）。次に明日のスケジュールの確認。そしてお風呂。二時過ぎにベッドへ。しかし例の機械が煩くて眠れず。遂にスイッチを切る。すると、今度はまた煙草臭くて眠れず。

九月十七日（日）晴れ

廊下での大声で目が覚める。日本人の団体である。不作法極まりなし。それから眠れない。七時になるので起きるが。モーニングコールがない。十分過ぎるがまだない。フロントに電話をしようと思うが、まず学生たちを起こす方が先だと思い、各部屋にモーニングコール。このホテルは最低!!

朝食はビュッフェスタイルで、まずまず。各自部屋へ戻った後、再度ロビーへ。ベンが来ていたので、モーニングコールがなかった事と、私の穴蔵のようなひどい部屋について話す。

モーニングコールに関しては、コンピューターが故障していたらしいが、謝罪もなし。私の部屋に関しては、「これから五分以内に荷物をまとめろ」とか。いい加減に頭に来るが、煙草臭いのはもっと頭にくるので、取り敢えず荷物をまとめ、そしてクロークへ。

その後、バスで観光。先にレイク・ルイーズへ行く予定だったが、コロンビア大氷原のバスの時間があると言う事で、道中で二回、三十分位下車した以外は、ひたすら大氷原へと向かう。

昼食は、大氷原行きのターミナルで。凄い人出である。学生たちは普通の食堂で。ベンと私は席もないので、ガイド用の別室へ行く。美味しいかどうかというような問題から程遠い食事であった。

その後、大氷原へ。特別仕立てのバスから氷河に降りた時、学生たちはさすがに驚いたが、しかし嬉しそうに騒いでいた。寒かったけれど、氷河の水は冷たくて美味しかった。私が飲んだのを見て、学生たちも次々と飲んでいた。

大氷原から、今度はひたすら帰途に着く。途中レイク・ルイーズで三十分ほど下車して休憩した以外はバスの中。下車時間を、もう少し長くしても良いんじゃないかと思う。だって、ホテルに帰ってからも、まだ時間的に余裕があったのだから。

今日、昼食時にベンから、自分とドライバーに対してチップを三日分、一日につき三十ドルで、一人九十ドルずつ支払うように言われて驚いた。「それは聞いていない」と言うと、「聞いていなくても、払ってくれれば良いじゃないか」と言う。そして「支払った分を職場に請求すれば、君は損をしないから」と言う。私が損をしなくても、職場が損をするかも知れないし、その方が私には苦痛だから。それに今は、そんなに現金を持っていないので支払えないと言うと、明日でもいいと彼は言う。

ホテルに帰った後、三回生の二人と私はチェックインをして部屋へ。私はシューズボックスがない事に気が付き、フロントに連絡したが、そんな物は部屋に残っていなかったという。しかし昨日、部屋でシューズボックスから靴を出したのだから間違いない筈なのに…。本当にこのホテルは最低!!

諦めて夕食に出掛ける。途中でトラベラーズチェックを現金化し、ガイドとドライバーのチップの準備をする。大学へ連絡して払うように言われた時に備えて。買いたくもない品物を見定めるのは、結構厄介なものだ。しかし職場では、チップの必要はないと言われていたなあ、と思いながら。

学生たちの部屋を廻る前に、大学へ連絡。十時半頃、学生たちの部屋へ。全員部屋に戻っていて、各自のスーツケースを詰め直している。昨日、重いと言われた学生は、今晩こそと思いながら詰め直しているようだが、全く変わらず重いのもある。こんなにスーツケースが重いのに、なぜその上にまだ土産物を買うのか、私には理解出来ない。それぞれのスーツケースを持って重さを見てやったり、中を開いてスーツケースを詰め直してやったり等々。帰室十二時三十分頃となる。

その後、職場へ電話。チップは必要なしとか。あ〜ぁ、矢張りそうだった!! 時間をかけて現金化する必要はなかった!!!

雨の中バンフを出発

九月十八日（月）バンフ雨、バンクーバー曇り

今朝は、六時にモーニングコールあり。しかし私はそれより前に起きて準備をしていた。それにしてもシューズボックスが部屋になかったなんて、このホテルはどうなっているのだろう。頭に来る。しかし忘れた私も悪いのだから、諦めよう。

七時十五分前に一階へ。学生たちは皆眠そうな顔をして現れる。七時になって朝食のビュッフェ。各テーブルに着席させてから食事。しかし、彼女らの眠そうな様子の割には、朝からすごい食欲である。

八時前には各自が重いスーツケースや荷物を持って、ヨタヨタとロビーに集まって来た。まず全員から鍵を受け取り返却。その後、バスへ。今回は、ガイドもドライバーもスーツケースの重さについては一言も言わなかった。

その後、雨の中バンフを出発。食事の後だからか、眠気が取れていなかったのか、ベンが話しているのに殆ど全員が眠っていたので、彼は仕方無く「もう止めようか」と私に言う。「ごめんなさい。そうして下さい」と言うとマイクを切り、その後私にドライバーと自分へのチップを渡すように要求する。それで昨日職場へ確かめたら、会社にチップも含めて支払っているので、その必要がないと言われた事を話す。すると、「そんな事聞いていていない」と不満そうに言い、その後、ドライバーとまたフランス語で話し始めた。不愉快な二人である。

カルガリー空港に到着後は、各自がまたまたスーツケースと荷物を持ってヨタヨタと歩きながら、グループカウンターへ。荷物等のチェックインはベンと私でするからと言って、学生たちには荷物の確認をさせ、再集合の時間と場所も確認させて解散。

私は全員の荷物とチケットのチェックインをする。

その後、ベンといるのも不愉快だから一人で空港内をウロウロしたり、お茶を飲んだりして時間を潰す。搭乗時間が近付いて来たので、学生たちにベンにお礼を言わせ、私も彼にお礼を言ってゲートへ。何となく嫌な気分であった。

バンクーバーに到着

バンクーバーへ到着した後、前列の学生たちが他の乗客の後についてドンドン先に行くので、私は最後の学生たちを追い立てるようにして最後列に付く。荷物の場所に辿りついた時は、ガイドの後藤さんが既に学生たちと話しておられた。荷物は重いけれど、すぐ外にバスが待っていると言う事なので、これまた各自で運ばせる事にした。

その後、バンクーバーの街へ。山や海があり、紅葉が始まっていた。レジャイナと全てが違う都会である。わざわざメインストリートであるロブソンストリートを通ってホテルへ行って下さった。

ホテルはロブソン通りから少し離れた場所にあった。全員ロビーへ。そして鍵を渡し、部屋に入ったら、バンフと同様に部屋の電気、水道その他全てをチェックするように伝える。私も一応部屋へ行き、荷物を置いてすぐに学生たちの各部屋を廻る。三階から十一階まで、しかも迷路のような廊下。一応、どの部屋も異常なし。そしてどの部屋もバンフより良い感じの部屋だった。

二時半にロビーへ集合し、後藤さんに免税店、そして夕食をするレストランを案内して頂くつもりであったが、私は荷物を開ける時間もなかったので、取り敢えず学生たちだけを案内して頂く事にした。私は部屋に戻って荷物を開け、明日の国際線の搭乗券やスケジュールの確認、書類の整理をし、一時間以上遅れて部屋を出る。

並木道を歩くと、緑と黄色のコントラストが美しい。もうこちらは秋である。ロブソン通りは、さすがに人が多い。取り敢えず免税店へ。いるいる、学生たちがあちこちに。あれだけ重い荷物になっているのに、「まだ買うの？」と言いたいが、彼女たちは買っているのだ。と言う私も、これと言う目的はないけれど見ているのである。

その後、夕食予定のレストランの場所を確認した後、ロブソン通りを再度歩く。学生たちに会うが、皆何らかの袋を持っている。他人事ながら「荷物はどうするのだろう？」と思ってしまう。大（甥）にカナダのアイスホッケーチームのユニフォームを頼まれていたので買う。しかしこれで良いのか不安である。詳しく解らないから。

時間が十分にあったので、シーバスの発着駅へ行く。久し振りに見る海である。そこからゆっくり歩きながら南下。いつしか免税店の近くにいた。まだ時間があるので、気になった店の中へ。我ながら一体何をしているのだろうと思う。ウロウロしながら、母に何かと考えていた。今月初めの誕生日に、カードを送っただけだったから。グリーンの好きな母に、ハンティングワールドのグリーンの円筒のようなバッグを買う。その後、通りを隔てた店に暇そうな日本人風のおばさんがいたので、小さな白クマの敷物を買う。これは安くて気に入った。

その後コージレストランへ。学生たちは歩き疲れたのか、すでに結構沢山来ていたので驚いた。全員が意外に早くそろったので、飲み物等のオーダーから。その途中で、キャッシャーから呼び出しを受ける。何事かと思うと、バウチャーがどうのこうのと言う。「バウチャー等持っていない。各自が払う事になっている」と言うと、団体で各自が支払う時は、現金では困ると言う。「けれども、そのような事は聞いていないし、学生たちにはそのように伝えてある。どうしてもだめなら私が全員の分をカードで払う」と言うと、「カードはビザでないと駄目だ」と言う。一体トーマスクックの柳谷さんは、何をしてくれたのかと思う。取り敢えず、私にはこの方法以外は出来ないと伝える。

席に付いて三十分ほど経った時、この時にはまだお料理も来ていなかった上に、また呼び出し。キャッシャーの所へ行くと、ガイドの後藤さんが着の身着のままで立っていらした。キャッシャーが呼び出したらしい。失礼な事を平気でするると思うと、腹が立った。一人だったら、きっと店を出ていたと思う。

後藤さんがトーマスクックの柳谷さんに電話を入れて下さって、支払いは一応現金でという事になった。私は自分の食事代と学生たちにと注文したお寿司の代金をカードで支払うつもりだったが、カードでは支払えなかったので、ガイドのチップ用にと現金化したお金で支払うしかなかった。また数人の学生も現金の持ち合わせがないと言って来たので、彼女たちの代金もそれから支払う事にした。

食事に関しては、学生たちは久し振りに日本食を口にするので、全員美味しいと言いながら食べていた。多分足りないだろうと思い、予め余分に注文しておいたにぎり寿司が各テーブルに置かれた時、彼女たちは歓声を上げていた。私のテーブルでは「私はいいから、皆で食べるのよ」と言ったら、全員、申し訳なさそうな、それでいて嬉しそうな表情で、各々が自分の好みのにぎりを選んで食べていた。

他のテーブルはというと、大声でじゃんけんをしながら勝った者から自分の食べたいものを選んだり、お互いに譲り合いながら食べたり等、各々テーブルごとに特徴が出ていた。食後は揃ってホテルへ。私は最後のグループに加わり、全員をチェックする。しかしこの最後のグループは、歩くのがとても遅い。笑ったり、歌ったり、飛び跳ねたり、写真を撮ったりで、かしましいこと!!!

ホテルに着いたら、先に帰った学生たちが全員ロビーで待っていてくれた。そこで明日のスケジュールを確認後、解散する。私は自室に戻った後、すぐに名簿を持って各部屋をチェック。三階から十一階まで散らばっているので、不便である。

各部屋では、各自がスーツケースの整理をしていた。しかし彼らでは手に負えないのか、重さのチェックやスーツケースの中身まで整理させられた。一部屋だけ応答がなかったので、最後に再度行った。下のロビーへ電話を掛けに行っていたと言う。この部屋でも重さと中身の整理等をチェックし、十二時少し前に最後の部屋を出た。

そして私の部屋に戻って来ると、ドアの前に学生が二人立っている。尋ねると、お風呂の水が止まらないと言うので、自分の部屋に入らず、そのまま彼女たちの部屋へ直行する。部屋の近くまで行くと、すでに水が滝の如くジャージャーと勢いよく流れているのが聞こえていた。

部屋に入って色々やってみるが、どうしても止まりそうもないのでフロントへ連絡。すぐに来てくれると云うので、彼女たちに前もって注意する。「まず、ホテルマンである事をドアの内側で確認してから、ドアを開ける。その後、一人は開けたドアの所に立ち、ドアも開けた状態にして置く。そしてもう一人は風呂場で説明する」等々。注意事項としてこれらの事を言って帰ろうとすると、二人は「帰るの？」という表情をするので、「ここに居た方が良いの？」と言うと、嬉しそうに「居てほしい」と言うので、留まる事にした。

暫くしてノックの音。ドア越しに見ると、ナント、とても大きく強硬な黒人男性が立っている。一瞬私も「怖い‼」と思ってしまった。セキュリティーのバッジがなかったら、ドアを開けなかったかも…。

兎に角ドアを開け、一人の学生には開いたままのドアの所に立たせた。もう一人の学生は驚いたのか、ベッドに座りこんでしまった。その為に私は、兎に角、彼に風呂の水が止まらない事を説明した。

彼は栓を叩いたり、壁を大きな手で叩いたりしていたが、水は止まらなかった。その後、彼は大きなナイフを取り出して何かをやりだした。学生たちだけだったら、今頃どうしているだろう?と考えたら、可哀そうになった。扉の所に立っていた学生は、その凄いナイフをチラッと見て私の方を不安そうに見る。「三人でいて、良かったね」と言ったら、頷いていた。しかしその恐ろしいナイフも効を奏しなかったのか、廊下に出て無線で応援を呼んでいる。「修理できないの?」と尋ねたら、「すぐにマネージャーが来る」と言って、またナイフで何やらやり出し、その内に諦めてナイフをしまった。

その後、マネージャーが来て二人で作業をしていたが、一向に水は止まらない。それで「滝のように流れている水だけでも止めてやって下さい。お風呂は私の部屋のを使わせますから」と言ったが、止める事すら出来なかった。「もう随分遅いし、この子たちを眠らせなければなりません。明日、日本へ帰りますので」と言うと、マネージャーは考え込んだ。暫く考えた後、「一つ部屋があるので、その部屋へ行こうと思うけれど、すぐに準備できるか？　スイートルームだよ」と言って下さった。私は彼にお礼を言った後、学生たちに「部屋を移るから、準備するのよ。早く、早く！私も手伝うから」と言うと「えぇ〜？　部屋替わんの？　これからぁ〜？」「そうよ、それにスイートルームだというから、良い部屋じゃない？　なかなか泊れないよ、そんな部屋。だから早く準備するのよ」と私。「ひゃ〜、スイートルームやて。どんなんや〜!!」と言いながら彼女たちは準備をし始める。

先程の大柄の黒人青年がキャリーを持って来てくれたので、マネージャーと学生二人そして私でエレベーターに乗って二十二階へ。まさにペントハウスならぬ、ペントルームである。マネージャーが扉を開けると、広々とした何とも言えないデラックスな部屋！「ウワァー!!」と学生たちは歓声を上げて、広い部屋を走り廻る。マネージャーはそんな二人を見ながら、彼自身も満足気であった。踊り廻っている学生を制してマネージャーにお礼を言わせたら、彼は嬉しそうに部屋を出て行った。

それから三人でベランダに出て夜景を見た後、ジャグジー付きのお風呂や二つもあるトイレ等をチェックする。学生たちはその後も一向に興奮が収まらず、歓声を上げて広い部屋を走り回っている。ベランダへ再び出て下を見たり「○○ちゃん呼ぼか？私ら、こんなええ部屋なんやで、て言うたろ！」「こんな部屋なんやったら、もっとお菓子買うといたら良かったなぁ」等々。私には、部屋とお菓子の関係が理解出来なかったが…。

「あまり、ベランダから下を覗かないのよ。気が付いたら天国だったなんて嫌よ。気をつけるのよ。それからもう遅いから、お友達に電話したりはダメよ。わかった？」等と言って部屋を出て、私は漸く自室へ。一時半過ぎ。

それからスーツケースを開いて荷物の整理。明日のスケジュールの確認や、書類等の確認。その後お風呂へ。就寝四時二十分過ぎ。

チケット紛失騒動

九月十九日（火）

七時にモーニングコール。八時に朝食。一階奥にある食堂と聞いていたのに、鍵は閉まったまま。フロントに尋ねると、二階だと言う。昨日は一階だと聞いていたのに…。そして二階へ移動。一番奥の部屋へ行くが、誰もいない。暫く待つが音沙汰なし。仕方なくあちこち電話したら、漸く一人の女性がゆっくりとやって来た。二十分も待った事を言っても、急ぎもしない。そして漸く準備が出来たのが三十分過ぎ。二十人程の学生が順にパンやハム、そしてジュース等を取っていったら、瞬く間に全て無くなってしまった。それからあちこち走り回って係員を探し出し、補充して貰う。待つ事二十分。彼らは急ぎもしない。こちらは集合時間があるのだぞ、と心の中で叫んでいた。

最後の私がテーブルに着いた時は、集合十分前。食べている場合か!! 食事もそこそこにして部屋へ。スーツケースとボストンを持ってロビーへ。鍵を返却してバスに乗り込む。後になった学生たちが矢張り遅くなり、二十分遅れて発車、そして空港へ。

スーツケースと預ける荷物をひとまとめにしてチェックイン。その後、学生たちを三十分位自由行動にした。その間ガイドの後藤さんと私は、荷物やスーツケースのタグ付けをしたり、チケットを貰ったり。バンクーバー空港で、八十余りの荷物のタグ付けまでするとは思わなかった。一つでも無くなったら、と思うと気になって仕方がなかった。何回数えたことか!!

その後、学生たちを集合させて、空港税のチケットを各自に渡した後、後藤さんにお礼を言わせ、持ち込み荷物のチェックを受けてゲートへ向かおうとするが、荷物の取り忘れがあるといけないと思い、ベルトコンベアのこちら側でチェック。三十一人は終ったが、一人足りない。誰かと思ったら、「先生、きくこが来れないみたい」と言う。何故来られないのか解らず、三十一人の学生たちにこの場所で待つように言って入口まで戻る。

ガイドの後藤さんが困った様子で横に居て下さった。尋ねると、「空港税のチケットを失くしたらしいのです」と後藤さん。「えぇ？　さっき渡したあのチケット？失くさないように言ったのに。よく探したの？」「うん、よく探したけど、ない」と言う。どうしたものかと思ったけれど、「もう一度、ゆっくり探してみるの。もう一度」と言うと、今度は、ゆっくり探し始めた。後藤さんは、何か仰りたいのだろうけれど、私の手前何も言えず、黙ってきくこの方を見ていらっしゃる。そして漸くバッグの底にチケットがあった。それを見て、後藤さんも私もホッとした。

その後もきくこは急ぎもせず、ゆっくりとバッグに物を入れている。私は彼女らしいと思いながらその様子を見ていたが、後藤さんはイライラしていらっしゃるようだったし、入口の黒人の女性係員はもっとイライラして「本当に、この人はゆっくりなんだからもぅ～!!」と口に出して言っていた。しかし、きくこは解っているのか否か気分を害する事もなく、ゆっくりゆっくりバッグに荷物を詰めていた。

その後、持ち込み荷物等三十二人分のチェックで、漸く全てが終了。再び後藤さんにお礼を言った後、全員搭乗ゲートへ。ゲートの場所と集合時間を確認させてから解散。学生たちは、最後のショッピングとばかりに、免税店に急ぐ。あれだけの荷物なのにまだ買うの？と言いたいけれど、兎角言う私も、じっとしていても仕方がないのでウロウロする。

その後、漸く機内へ。柳谷さんがプリチェックインしておくと言って下さったので喜んでいたのに、それもなかったので結局は学生たちの一番最後の列となる。

離陸後は一時間から一時間半毎に、まみの様子を中心として、学生たちの様子を見回る。全員、疲れている割りには元気そうにしているので安心。まみも大丈夫なようで、食事も往きと違ってきちんと食べていた。

関空へ到着し、機外へ出た途端に暑い！と思った。しかし沢山の荷物が全員の手元に届くまで、暑いも寒いも言っていられない。まず入国審査。「ここに並んでパスポートを出すのよ」そう言って最初に審査を受ける。その後、出た場所で全員を待つ。それから荷物受取カウンターへ。「自分の荷物を全て受け取った人は、税関審査を受けて外に出なさい。そして外で待ちなさい」と言って、荷物を受け取った学生を順次移動させる。私の荷物は比較的早く来たけれど、最後の学生が自分の荷物を受け取るまで一緒に待った。

その後、税関カウンターへ。パスポートを渡して出口近くをみると、数人の学生がキャリーを持ちながら、出口の扉近くで話をしている。「そんなところで立ち止まって話をしないの。後から来られる方にご迷惑でしょ。早く出なさい！」と言う。それを聞いて税関の係官が「引率の先生ですか？　ご苦労さんです」と言って、私には何も尋ねないでパスポートを返して下さった。そして出口へ。

沢山の方に迎えに来てもらっていて、私は何処へ行けばいいのか判らなかったが、国際教育課の榊田さんと松田さんの姿が見えて、顔をみたら「あぁ、ようやく帰って来た」と思ってホッとした。それと同時に体の力が抜けていったように感じた。そして学生たちに解散を宣言して、任務完了!!

chapter
2

ああ、
アクシデントが
（第２回研修）

時間が頭にない学生たち

八月二十二日（木）

三時に空港の四階二十三番カウンターに集合。けれどもその前に、ペコさんや日本のスタッフの方々の為にと柿の葉寿司を買う。

四階に行くと、学生たちは各々スーツケースを持ってチェックインを始めていた。今回は花火の持ち込みは事前に厳しく伝えていたので、ないと安心していたら、前方で二人の学生がスーツケースを開いて係員に見せていた。何事かと尋ねたら、「ガスをお持ちですので、没収させていただきます」と言われた。「勿論です。ご迷惑をお掛けしました」と言ったものの、私にはなぜ彼女たちが「ガス」を持っているのか、理解出来なかった。それで彼女たちに尋ねると、ガスで動くヘヤードライヤーがあるらしく、電圧を気にしなくて良いから持って来たと言う。電圧を考えなくても良いけれど、気圧の変化でガスがどうなるのか考えなかったのかと思った。

その後、最低限の注意をして出国審査等を受けたら、もう時間がなく、すぐに八番ゲートへと急がせる。しかし免税店へ入って行こうとする学生や、国際電話のカードを買う学生やら…。乗り遅れるということは、頭にないのかと思う。

その後、八番ゲートから搭乗し、何とか飛行機が離陸。二時間位の間隔で学生たちの座席を廻る。今回の学生たちには、事前オリエンテーションで何度も言っていたので機内で宿題はしないだろうと思っていたが、やはり一人だけ宿題をしていた。しかし、その他の学生は、自主的に本を開いて会話を暗記したりしていて、総体的に静かであった。

バンクーバーに到着して、すぐに入国審査を受けた。今回も乗り継ぎの時間があまりないので、まず私が審査を受け、すぐ後に自分の学生が三十一人いる事を係員に伝えたら、続けて審査をしてやると言われた。それで後に続かせたが、数名は人の言う事をきちんと聞かず、案の定、別の列に並んでいた為に、時間を要した。

漸く全員終って、次は国内線乗り継ぎのチェックイン。カルガリー、レジャイナ間の搭乗券も同時に頼んだ。しかしスーツケースのタグの取り替え等で、かなり時間を要し、大急ぎでC32ゲートへ。あのバンクーバーの広い空港を今回も思いっきり走った。「早い～」「しんどい～」と学生たちは叫んでいるが、そんな事、構ってはいられない。「付いて来るのよ～」と私は何度も叫びながら走った。

漸く間に合い、機内へ。しかし一人の学生が気分が悪いというので、薬をのませる。一方で片側の席では、テーブルにお菓子をたくさん載せて、食べるわ、食べるわ。

カルガリーで現地時間を尋ねると、離陸迄三十分程しかなくて、これまたすぐにA1ゲートへ。搭乗券を各自に渡してすぐに機内へ。五十人程の小さな飛行機に全員驚いていた。飛行中、体調の悪い学生を二度ほどチェックするために機内を歩いたが、学生たちは全員疲れたのか、眠っていた。気分が悪いと言っていた学生も眠っているようだった。しかし顔を覗き込むと、目と口をぎゅっと閉じて、辛そうだった。

漸くレジャイナに到着。まず学生をタラップからおろし、忘れ物がないかをチェックし始めたら、タラップから降りた学生たちが「ギャーギャー」、「ワーワー」と悲鳴を上げているのが聞こえた。機内から外を見ると、空港全体が茶色に見え、そこを歩く学生たちが何故か飛び跳ねながら悲鳴を上げている事が解った。しかし大したことはないだろうと、再び忘れ物のチェック。その後、私もタラップを降り、何気なく地面を見ると、空港の白いはずのコンクリートの地面が茶色であった。この茶色は、塗られているのではなく、よく見るとたくさんの小さな茶色い物（それがバッタであるということが空港関係者の方から後で教えて頂いた）が動いていて、足の置き場もない位であった。そのために、どうしてもこれを踏まないと前に進めなくて、それで学生たちは、悲鳴を上げていたのだと解った。

その後、学生たちは皆、スーツケースを受け取るのも忘れて、ホストファミリーの方々の出迎えに感激していた。中には感激して泣き出す学生もいた。ホストファミリーの方々に挨拶をした後、各々が彼らと共に帰って行った。しかし勤務が終ってから迎えに来るというホストに世話になる学生がいて、彼女と共に、ホストが来られるまで待った。

その後、ペコさんの車でＥＳＬ（英語研修生事務所）へ向かった。緑が美しかった。今年は異常気象ですごく雨が降り、蚊はいないがバッタが異常に発生しているとの事。それで、空港の内外も例外ではなく、たくさんのバッタが繁殖していたのだった。「政府や自治体は何もしてくれないのですか？」と尋ねると、国が大き過ぎて何の手立ても出来ないとか。小さい国の日本に住めて良かった！と思った。

宿舎の部屋に入って荷物を片付け、明日の準備。パンフレット等、読まなければならない物がたくさんあったが、す～と目が閉じてしまう。それで眠るけれど、寒くてすぐに目が覚める。三時頃から眠れなくて、書類等の整理を再びする。

明日からとうとうスケジュール一杯の日々が始まる。また土日なんてない日々が始まる。

八月二十二日（金）

九時から歓迎式兼始業式が始まるというのに、五分前になっても一人が到着せず、ハラハラしながら事務室と玄関を往復する。そして何とかギリギリになって、ホストファミリーの車で送って貰ってやって来た。初日から遅れたので何故かと尋ねたら、「寝過ぎた」との事。「初日からこれではだめよ」と注意したが、飛行機に酔った学生だったので、少し可哀そうにも思い、それ以上は何も言わなかった。

式が始まりつつあるのに、最前列に座った二人がペチャクチャ話しているので注意する。今年の始業式は簡素というか、地味というか、以前を知っている者にとっては、味気なく感じられた。

その後聞き取りテスト、そしてオリエンテーションと続いた。今朝七時過ぎにペコさんから電話があり、体調を崩されたらしく、式は欠席であったが、オリエンテーションは、無理して来て下さっていた。感激！　その後、携帯電話を取りに連れて下さっ

新しくなった学舎

た。場所を教えて下されば行ったのに…。そして私をまた大学まで送って下さった後、帰宅された。随分辛そうだったので、申し訳なく思った。

その後、一時四十分から始まるキャンパスツアーに加わる。大学は随分美しくなっていたので、嬉しく思った。女性のそのCPはおとなしそうだけれど、しっかりとした嫌みのない学生で、丁寧に案内してくれた。我が学生たちはというと、午前中に宣誓書（日本語で話さないという意味合いの物）を書いたのに日本語で雑談し、CPの説明を聞こうとしない。何回注意した事か!! 終いに、言うのが嫌になって来た。ここまで人の言う事を聞かない学生たちは初めてである。情けない!

その後、自室に戻り、買い出しの為にレイクショアへ。途中、道に迷って三十分程のロス。道を尋ねたくても、人に合わないのである。このようなところが人口密度の低い大国カナダで、日本と違うところである。部屋に戻って、汗だくになりながら着物を着る。そしてギリギリ六時に下の玄関へ行ったら、アンドレが待っていてくれた。彼は、今ではすでに小学校の先生で、前回以上に紳士であった。

会場は、レジャイナ・イン。ドアに一番近いテーブルに付く。テーブルでは優しい父親ぶりのアンドレを見る。日本では食事の席で、じっとしていない子供が多いが、アンドレは上手に子供を扱い、静かに食事をさせ、またその場の雰囲気が子供によって壊されることがないように注意を払っていた。八時半頃、アンドレのお嬢ちゃんの眠る時間を尋ねたら、九時だといったので会場を出る。

その後、アンドレに就職祝いを渡して別れる。疲れた。朝方三時に目が覚めたのだもの。実に長い一日だった。

八月二十四日（土）

朝五時起床。ジョギングにと思ったけれど、止めて書き物をする。ゆっくり朝食を取って、ファーマーズマーケットへ行く。バスからダウンタウンで降りた時は、懐かしく思った。

市場は、天気も良かったからか、また土曜日だったからか、たいへんな人出だった。野菜、パン、クラフト等に珍しく人だかりがあった。ビデオを取りながら、パンやハンドクリーム等を買う。

その後、シアーズやベイ（百貨店）を見て回る。人が少ないのが良いのやら悪いのやら…。日本にはないカードを何枚か買う。

部屋に戻って、昨日買った野菜や今日買ったパンで遅めの昼食。葉書を書いていたら、眠くなって五時まで眠ってしまった。その後、準備してヒジェルトさん宅へ。ダーリーンが迎えに来て下さった。

彼女のお宅は、とても素敵で、調度品も立派な物ばかりである。クラシックカーのシボレーと犬のチャーリーが気に入った。その後、ランターンフェスティバル（提灯祭り）へ。前回より活気がないように思ったのは、学生たちが参加していなかったからだろうか？

九時過ぎに会場を後にする。途中、駐車場へ行くまでに、天体望遠鏡を通して北極星がキラキラ輝いているのが見えて嬉しかった。その後、ロイが湖畔を車で廻って下さった。ダーリーンは、私が部屋で大したものを食べていないと思ったのか、ディナーのサラダやソーセージ等をパックして持たせて下さった。彼女は、節ちゃん（大学時代からの親友）と感じが似ていると思った。

湖面に水鳥が…

八月二十五日（日）

どう言う訳か、起床が五時（時差ボケなのかもしれないが…）。私には、考えられない現象である。ブラインドを開けると、水鳥が湖面で静かに泳いでいる。ジョギングをしようかと、昨日に引き続き思うが、洗濯等の事を考えると面倒になって、書き物をする。

その後、ウトウトして、また八時頃に目が覚める。昨日のように、湖を見ながら朝食を取る。続いて、お礼状を書き、又々眠ってしまう。早く起きるのに、ウトウトしてしまうのは時差ボケか、疲労か、怠けか?! 兎に角、すぐに眠くなる。寝過ごしてはいけないと思い、目覚ましを三時にする。

四時過ぎにグレッグが来て下さった。彼の家に着いたら、私を降ろしてまた誰かを迎えに行かれた。その間にパットにお土産を渡す。

五時過ぎに全員が揃ったらしく、パットがグレッグと準備を始められた。パットのお客様もいらっしゃるかと思ったら、全て我が学生の友達ばかりだった。勿論学生の誕生日だからだけど。その上プレゼントも頂いていて、恐縮だと私は思ったが、学生はあまり感謝の気持ちがないようだから、明日言っておかなければ…。

八月二十六日（月）　あぁ、アクシデントが……

八時半過ぎに一階へ。まるやが青白い顔をしていたのが気になった。四十五分からペコさんの説明（カヌーやカヤックの乗り方の諸注意等）があった。その後、グループ分けをしてバスに乗る。ＣＰたちは、一生懸命歌を歌って、盛り上げてくれていた。景色を見ながら、また学生たちと調子を合せながら目的地タワシへ。

漸く到着してバスから降り、虫除け等を塗って準備を整えるも、何の動きもない。

ただ蚊に刺されるだけ。漸く指示があったと思ったら、「雨に濡れるからバスに乗れ」であった。そして再び待って、また待って、漸くバスが動き出した。そして止まったと思ったら、トイレ休憩の為だった。それからまた動き出して、今度は小さな町に到着した。この街で何をするのかと思ったら、ショッピングだと言う。お金も何も持っていない私には関係ないけれど、カヌーは?カヤックはどうしたの?と言いたかった。

その後、漸く最初のバスが出発らしく、最後に戻ってきたグループをバスに乗せたが、その最後のグループの最後に乗って来た学生が「コーヒーを買いに行っていいか」と尋ねる。一応行かせたけれど、後で注意した。一番最後に戻って来て、さらにコーヒーを買いに行きたいなんて、よく言えたものだと思う。「迷惑」と言う語彙が彼女にはないのか?と思った。

その後またバスに揺られて、漸く湖畔に到着。何処か全く解らない。バーベキューなどの材料が運ばれたので皆でするのかと思ったら、学生たちとCPはゲームを始めた。まずゲームかと思ったら、ヒトミさん（この日の活動のリーダー）が一人でソーセージを焼き始めた。とても驚いた！　それで私も手伝うと言ったら、その必要はないと言われたが、ドライバーも私も手伝った。何故皆に、各々のソーセージやマシュマロ等を焼くように言わないのだろう。バーベキューを皆でする事に意味があって、ホットドッグをただ食べるだけでは、全く意味をなさないのではと思うのだが…。

漸く人数分以上のホットドッグが出来た時、三回生の一人がやって来て、「まるやが脱臼したみたいです」と言う。「CPは大丈夫と言うけれど、私達は英語で上手く言えないから先生を呼びに来ました」と言う。それで近くにいたCPにその事を話したら、「矢張り骨がおかしい」と言う。ヒトミさんに言って、病院へ連絡して貰い、バスで近くの病院へ。

レントゲンが終ったという事なので行ってみると、学生は青白い顔をして椅子に腰かけていた。私が行くと、横になりたいと言ったので近くの人に伝えたが、すぐに動きがなかった。漸く二階の診察室のような部屋で寝かせて貰えた。

痛むのだろう、目を閉じてじっとしているのに、横から、ヒトミさんが何かと彼女に話し掛ける。病院へ来るバスの中でも、自分がホットドッグを食べている時以外はずっと話し掛けていた。頭に来て、「黙って」と言いたかった。その部屋でも同じで、自分がジュースを飲んでいる時以外は話し掛けている。しかもこのようなところで、よく平気でジュースを飲めるわとあきれてしまう。私はただ黙って、彼女の冷たい両足を手で擦ったりしながら温めていた。それ以外に、彼女の痛みを分かち合ってやれないと思ったからである。

それから一時間以上待って、医者が到着。診察は数分で終った。矢張り市内の病院へ、と言う事になった。ヒトミさんが病院と救急車を手配してくれたが、これまた、待てど暮らせど来ない。どうなっているの!?と叫びたい心境だった。ヒトミさんは相変わらず学生に話し掛けているので、彼女が席を外した時に学生に言った。「彼女に気を使わなくて良いのよ。横を向いて目を閉じているのよ」と。

漸く、ホントに漸く、どれだけ待ったか!! 遂に救急車が来た。女性が二人乗務していた。一時間以上乗っていたような気がする。漸く中央病院に到着した。救急患者用の部屋へ。スミス先生が来られて、まず肩から内出血している血を抜いて下さった。それからまたレントゲン室へ。そこで痛み止めの注射の後、固定具（三角巾と同じ役目をするベルト）をはめて貰う。三週間位すれば楽になるらしいが、痛みが終われば、手首や肘を動かす練習をするようにと仰った。

その後、ホストファミリーを待っている間、ヒトミさんが言う。「家に連絡しなければ」と。学生は「心配するから、少ししてから」と言うので、私はどうしていいのか解らず、兎に角ペコさんに相談すると言うと、ヒトミさんの表情が変わった。どうしたものだろう?!

漸くホストファミリーが来てヒトミさんと外で話しているのが見えたので、私は学生を連れて外に出た。話も大切だけれど、まず患者を連れに来るように言うべきだと思ったから。私は急かせるように、彼女を自宅へ連れて帰って貰った。

その後、ヒトミさんはカブを呼び、二人で大学へ戻った。降りる前に「レシートを貰って下さい。私が払いますから」と言ったら「解った」と言った後、運転手に「ちょっと待っていて。荷物を取って来るから」と言って何処かへ行った。私はお礼を言ってカブを降り、自室へ。彼女は荷物を取って来て、そのままそのカブに乗って行ったようである。

その後、部屋の電話や携帯でペコさんに連絡するが通じないので、公衆電話で一通りの説明をする。そして、部屋に戻ったら、患者の姉から電話。もう連絡があったのかと思ったら、どなたかが亡くなったとか、それを知らせたいので、妹のホストファミリーの電話番号を教えてと仰る。どうなってるの？と思った。

それからまるやに電話をしたが、シャワーをしているという。こんな時にシャワーなんかするか?!と思ったが…。兎に角、私に電話するようにと伝言して電話を切る。その後ペコさんから電話。パーティーが終ったらまるやの顔を見にホスト宅へ行きたいけれど、一緒に言ってくれないかと仰る。勿論私も気になっているので、快諾した。

そして次に、シャワーを終えた彼女から電話。お姉さんには話したけれど、お母さんには黙っておいてと言ったという。そして容体に関しては、詳しく話さなかったという。それではかえってお姉さんが心配されるから、私から電話をすると言って、会社の電話番号と携帯番号を教えて貰う。その後また階下へ行って、カードで国際電話。説明して一応納得してもらえた、とその時は思っていた。しかしその後、我が大学の国際教育課から電話。まるやの姉が旅行会社に直接電話して、保険の請求等をしていると知らされる。

十時前にペコさんとウェンディーの家へ。ペコさんがまるやに事の発端から尋ねておられた。横になっているのかと思ったら、起きているので驚いた。一応事情を話し終えたと思ったので、私は部屋へ行って、横になるように言った。そしてペコさんも明日から他の研修グループの卒業旅行らしく、早々に引き揚げられた。

部屋に戻った時は、もう何もしたくなかった。三時に起きて、ずぅ〜と気の休まらない事ばかりの一日だった。これからどうなるのかと思うと、まるや同様、悲しくなる。彼女は、帰ろうと思えば帰れるけれど、私はそうはいかないのだもの。ため息も出ない。

気分が悪くなったら、いつでも電話するようにとまるやに言ってきたので、いつ電話が鳴るかと思うと、今晩は眠れないだろう。

八月二十七日（火）

八時過ぎにペコさんから電話。携帯電話の件はジェシーに言っておいたとの事。また何かあれば、電話下さいとのことであった。

八時四十分頃、一階で全員を集合させ、以下の事柄を伝えた。
・自分勝手な行動、自分の考えだけで動かない事。
・他人への配慮をする事。
・朝のこの時間には日本語を使ってもいいから、何でも私に話すように。

ミュージカルライド（絵葉書から）

・時間を守る事等々。

その後、事務室へ行き、携帯の件でジョシーに会う。それからキャンピオン・カレッジ（カフェ）で彼女とコーヒーを飲みながら色々な事を話し、気を遣って下さっている事が分かった。

十一時三十分過ぎに、彼女のご主人の運転で携帯の交換。大学に戻ったらヒトミさんがいたので、先にジョシーさんから預かっていた請求書のお金を返した。タクシー代もしっかり入っていた（私が降りた後、彼女が引き続き乗って行ったにも係わらず)。自分のお金だったらどうでもいいけれど、大学のお金だと思ったら、腹が立って来た。

その後、ゴールデンマイル(ショッピングモール)へシャンプー等を買いに出かける。バス代がいくらか解らず、二ドルと五十五セントを出したら、ドライバーは五十五セントしか取らず、「一ドル六十五セントだけれど、お釣りがないからいいよ」と言われた。また迷惑を掛けてはいけないと思い、バスを降りてすぐに、ドラッグストアでバスチケットを一シート買う。帰りのバスは、たまたま同じドライバーだったのでお礼を言って、今度は、チケットで支払った。

四時十五分にメアリンが玄関へ。彼女と一緒にミュージカル・ライド(musical ride)へ。馬が音楽に合わせて行進をしたり、曲芸をしたりする催しである。人と馬の共演で、たくさんの人が見に来ていた。日本ではなかなか見られない演技である。ただただ大感激。すばらしい! だからなのか、すごい人出である。この大草原の会場に何処からこれだけ人がやって来るのかと思うぐらい、たくさんの人が会場に来ていた。ビデオに撮ったけれど、逆光だったようなので、上手く撮れているかとても心配である。

帰りはケルシーズで、シーフードサラダとコーヒーを。部屋に戻って直ぐにお風呂へ。出てきたら我が大学から電話。まるやが先に帰りたいとか。姉はX線写真と診断書を日本へ送れと言っているとか。またこちらでは、こちらの大学内での人間関係や人間性に振り回されて、全く神経が休まらない。つくづく来なければ良かったと思う。

八月二十八日（水）

朝八時半過ぎに一階へ行くが、誰も来ていない。四十五分になっても数人いるだけ。尋ねると、図書館だとか。呼びに行かせて集合。矢張りまるやは来なかった。彼女は昨日のバス、一昨日のバスの中では忘れ物をしているらしい。

テーブルマナーのナプキンの取り方や、授業態度についての説明や注意をする。授業開始五分前に終え、トイレを済ませて教室へ行くように指示する。

事務室へ行って、ジョシーに診断書とX線について尋ねる。彼女は病院へ連絡して、私の部屋に知らせると言って下さった。

今日私は何処で何をしたらいいのか何も知らされていないので、「もう知らない！」と思ってダウンタウンへ行き、キープセイクやトラディション（店の名前）へ行く。これが目的ではなく、借りた三脚を使ってセントラルパークと大学をビデオ撮りしたかったのだ。しかし凄い沢山の蚊で、どうしようもない。

疲れて帰って来て、もう一度大学で撮ろうとしたら、バッテリー切れ。部屋に戻ってまた出掛ける。しんどい!! 漸く撮れて戻ったら、一階に羽田さんがいて話した。ヒトミさんのガン的存在は、あちこちに影響しているらしい。部屋に戻ると、ペコさんから電話。都留のシャペロンは風邪でダウンとか。私はメンタルで、既にダウン寸前であるが、黙っていた。

昨日朝四時頃、まるやの姉から電話。妹を出せという事だった。私の所に電話してそのように言われても…。心配は解るけれど、ひどいと思った。

八月二十九日（木）

朝八時四十五分にいつもの場所へ。昨日と同じ状態だったので、再度図書館へ呼びに行かせる。学生たちは何を考えているのか？　朝から気分が悪い。

まるやは漸く登場。顔色は事故当日よりマシになっている。野菜や果物を取るように、そして時間を守るようにと全員に伝えて、教室に行かせる。

昼食時に、カフェテリアや教室を見回る。まるやは少しは、食べているようであるが、なるべく沢山食べるように言っておいた。皆各々お弁当を作ったり、作って貰ったりしたものを食べていた。

午後、学生たちは会話の授業なので、私は二年ぶりにサウスランド・モールへ行く。しかし私が気に入っていた店がなくなっていた。模様替えをしたのかも知れないが、全体的に、以前と全く変わっていたのでがっかりした。

バスを降りて大学へ戻って来ると、もりが五日間も便秘だというので、コーラックを三回分渡す。

学生は私が守る

夜、大学の国際教育課のスタッフから電話。連絡不行き届きや遅延、プログラムの不備等も含めて、担当者のヒトミの変更をそちらの大学に言いたいが、それで良いかと尋ねられる。学生への風当たりが気になる事と、私達が帰国した後の、ぺコさんへの風当たりも気になると、数日前と同じ事を伝えた。けれどもタクシー代の件以来、私は彼女を信頼出来なくなっているので、それでもいいかと思うが、もう少し待ってと伝えた。

その後、まるやに電話。また三時半に早退したとか。それも迎えに来て貰っている。いくらなんでも失礼である。ペコさんに電話。まるやの事、ヒトミさんの事を話す。「私の事でしたらいいですよ。心配しないでください」と言われたので、我が大学へ電話。ペコさんは構わないと仰っているし、私は学生を守るから、ヒトミさんを外すように言ってくれてもいいと伝えた。彼女には、以前から既に愛想を尽かしていたので…。

八月三十日（金）

八時四十五分、教室前へ。いつも遅れるゆうこがすでに来ていた。雨かも⁉　教室へ送り出す前に、注意事項を伝える。

・便秘の事を含めて体調について。

・魚釣りの行事について。未経験の事をするのだから、くれぐれも気を付ける。

・お風呂（シャワー）は、ホストファミリーの様子を見てからにする。自分だけ毎日シャワーを使わない等々。

学生を教室に送った後、ペコさんが、ルースとジョシーがすごく怒っているけれど、どうしたのですか、と尋ねられた。多分我が大学からのFAXが原因だと思ったので、そのように伝えた。しかし怒るよりも、反省するべきだと私は思ったが…。

十時四十五分から学生たちは博物館へ行くが、ジョシーと話しをするのなら、自分がシャペロンを代行しますとペコさんから電話。ルースと話すより良いかと思ってお願いして部屋へ。三十分もしない内にルースから電話。すぐに私の部屋へ来いと高圧的である。頭に来たが、冷静にと自分に言い聞かせる。

部屋に行くと、一方的に偉そうに話し出して、人の言う事を聞こうとしない。今回のタワシで起きたまるやの事故の責任はYMCAだし、入金の連絡が遅くなったのは銀行のせいだし、今回のプログラムは前回と同じで良く出来ていると、全く悪びれていなくて、責任も感じていないようであった。

学生たちは楽しんでいる様子はあまりない。ヒトミさんが言う事を理解出来ていない学生も多いし、また萎縮したり、自信を喪失している学生もいる。彼女たちの中には、これが人生で唯一の留学体験になる学生もいるのだから、実り多く、楽しい思い出となるようにしてやりたいというのが、私の考えであると伝えたが、彼女は全く聞く耳を持たないのである。器に相応しくない人が、その器の如くふるまうことは、ナント見苦しい事か！　しかし、このような人が洋の東西を問わず、たくさんいるのだ!!

十時四十五分から博物館へ。相変わらず行動が鈍い。そして一時から魚釣り。CPの盛り上げ方が今一つ。彼らが一生懸命してくれているのは解るが…。経験不足なのかな？

しかし、このプログラムに関しては、皆とても楽しんでいた。カヌーやカヤックはもう出来ないのか？と尋ねられた時、ルースの顔が浮かんで来て、気分が悪くなった。

自室に戻った後、雨に降られてストーンスローへ。

・・・こくぼがホストに不満を持っていて、ＣＰに話し、彼女からペコさんへ。そして私に連絡があった。しかし、上手くいったらしい。

・・・まるや、午前中でまた早退する。

八月三十一日（土）

昨晩、ジョシーから電話があって、朝十時半頃に事務室に行くから、その後、電話で話をしようという事だったのに何の連絡もない。私が聞き違いをしたのかと思って十一時前に事務室に行くが、誰もいない。部屋に戻って十一時十五分頃に電話をしたら、今来たところとか。その上、都留の先生との約束が十一時三十分だから、とても話し等出来る筈はなく、ただ顔を合わせただけで部屋に戻る。

それから都留の先生とジョシーと彼女の夫の運転でレジャイナ・インでブランチ。久し振りにパンケーキを食べた。スクランブルドエッグは自分で作った方が美味しいと思った。その後、スポーツ博物館、コーンウォールセンター、そしてカジノを見学。それからドラゴンボートを見た。

コーンウォールセンターでは、都留の先生がベティーさんのプレートを買った、と見せて下さった。そして「これね、学校に置こうと思いましてね」と嬉しそうに仰った。先生はアイスホッケーやテニス等のスポーツをしておられ、車がお好きで、今は二台だけれど、以前は十台近くの車を持っていらしたとか。広い趣味をお持ちの方である。「毎年誰も（引率に）行くと言わなくて、結局、僕が来る事になるんです。そして僕をここに寄こしておいて、論文が少ないと言うんです。勝手ですよね」とこぼしておられた。勝手な人は何処の世界にも居るのだと実感。しかもカナダの蚊のように大量に大きな奴が。

その後は、ポトラックパーティーの会場であるグレースメノニッテ教会へ。今日のポトラックパーティーの会場は、教会なので要領が解らず、ペコさんに何をすればいいのか尋ねる。会場では、バイオリンを弾く予定のダーリーンが心配そうに最終練習をしたり、テープをリセットしたりしていた。メアリンが来られたので、都留の先生を紹介した後、三人で開始を待っていた。

ジョシーの挨拶で始まり、食事。矢張りちらし寿司や細巻き寿司等の寿司類が多く、「美味しくはないだろう」と思いながらも、お寿司を取ってしまう自分がいる。都留の先生は体調が宜しくないのか、余り召し上がっておられないようだった。先生も私もサンタさんからギフトを貰った後、パーティーはまだ続いていたが、ペコさんと共に教会を後にした。

その後、ペコさんの自宅で、都留の先生、山田さんご夫妻とCPをしておられた息子さん、一組のご夫婦（ベトナム人と日本人の奥さん）の八人でティーパーティー。ブーとタイ（ペコさんの愛猫）に久し振りに対面。二匹とも相変わらず大人しく可愛らしかった。ここでも食べて飲んで、そして大いに話した。明日は都留が早朝に帰国するので、気を使いながらも、十時過ぎまでお邪魔していた。

帰る時に、都留の先生からアイロンを借りる。ホント、助かる。部屋に戻ってペコさんから頂いた袋を開けると、ケーキやゼリー、そしてクッキー等が沢山入っていた。いつも心遣いをして頂いて、本当に申し訳なく思う。その後、入浴。何故か眠れない。明日、ひらの、こくぼの様子をチェックしなければ。

教会の礼拝に目から鱗

九月一日（日）

八時にメアリンから電話。八時四十五分に迎えに行くという。教会はヒルサイドバプテスト教会で、大学のすぐ近くにあった。沢山の人が来ていた。壇上にはバンド演奏をしていて、大きなグランドピアノも置いてあった。

礼拝はそれらの演奏と三人のボーカルが加わって、聖歌を歌うことから始まった。大学のミサのような厳かな雰囲気ではなく、ポップミュージックの演奏会のようであった。このような教会があるのかと、目から鱗だ。

礼拝が終った後、部屋に戻る。その後、昨日借りたアイロンで、沢山の衣類の皺伸ばしをする。

五時三十分に玄関前へ。そしてメアリンの家でディナー。ポテトと野菜チーズ、キャベツサラダ、そしてその次にピーチパイ作りを教わる。桃を七つ入れたけれど、私は五つで充分だと思った。以外と簡単に出来るかも。あの大きいのを食後に、しかも一切れ半も頂いたので、胃薬が必要かも。

玄関に着いたら、ナント、門限ギリギリだった。その後、実家に電話をするが、留守電だった。

九月二日（月）休日

朝八時半にグレッグが玄関へ来て下さった。それから彼の自宅へ。そこで一時間近く待って漸く出発。直行かと思えば、こくぼのホストファミリーの家へ。そこでまた待たされて、その後漸く出発。途中、ラムズデンと言う街でパンケーキの朝食を取り、その後、チェインバレンと言う街で、今度はアイスクリームを食べながら休憩する。グレッグがほぼ眠りながら運転しているんだもの、怖かった！　11号線道路から地道に入り、見渡す限りは全て麦畑と言う道をただひたすら走る、走る。

「あそこは父の従兄の家（大きな農家）」「あそこは僕の従兄の家（大きな農家）」と説明して下さるが、どの家も道路からとても遠く、「どれくらい離れているの？」と尋ねると、三マイル（一・六×三＝四・八キロ）先とか、四マイル先とか仰る。そんなに先にあるのかと思うが、「すぐ近くだよ」とか。

途中、彼の従兄の畑に立ち寄り、三年前に買ったという最新型のトラクターに乗せて貰った。そしてその上、そのトラクターの運転までさせて頂いた。社会科で習ったカナダの大農法ってこれだと実感した。

それからまた、ひたすら走る、走る。そして漸く一軒の家に到着する。古い車やトラック等があり、勿論、大きな納屋がある。家の中で、早速、昼食（一時を過ぎていた）。パットがサンドイッチやドーナツ、そしてスイカ等を準備して下さっていた。ご好意にホント、頭が下がる。食事中に、グレッグのお父さんが来られたので、一緒に食事をして、その後農場へ。

パン用の麦、パスタ用の麦をはじめ、トマト、ジャガイモ、ルバーブ等を説明して下さった。ルバーブは初めて見る野菜だったので、興味があった。蕗に似ていて、水気が多く、また酸味もあり、ソースにしたりパイに入れたり、ジャムにしたりするらしい。

農場をぐるっと回って、またまた詳しく説明して下さった。牛の放牧をしているところでは、わざわざ至近距離まで車を近付けて下さって、たくさんの牛が草を食んでいるところを見せて下さった。とても親切な方々である。野生のウサギ、カユ（狼の一種)、鹿、コヨーテ等も見ることが出来た。

十時前にグレッグに送って貰って部屋に戻る。と同時に電話。我が大学の国際教育課からで、まるやが帰国するという。寝耳に水で何が何だか解らなかった。ポトラックパーティーでは、二週間頑張ると言っていたではないか、と言いたかった。もう何が何だか分からない。電話を終えたら、お風呂に入るのも嫌な位疲れた感じがした。今まで、彼女の為にしてきた事は、何だったのだろうと思うと、情けない。彼女よりも、私が帰りたい心境である。

九月三日(火)

朝からジョシーと、帰国する学生の診断書の事などを相談する。その時に、ルースも入って来て「ヒトミから、お金を返して貰ったか?」と尋ねられたので、「何のお金か知らないけれど、何も返して貰っていない」と答える。例の車代の事らしい。彼女がお金を返したら、レシートを返せとも言った。

まるやが診察して貰ったスミス先生は休暇を取っておられて、十六日まで休みらしい。その上、ここ二週間分位のカルテ等は、関係する部署まで届いていないという事なので、診断書はそれ以降でないと手に入らないらしい。そうなると彼女の帰国時には、トランジット・アシスタント（乗り換えの時に世話をしてもらう人）等は無理なので、ペコさんと相談する。

彼女の部屋へ行くと、まるやと話しておられた。「医者へは行かない」「熱は三十八度ある」「痛みがある」等々、さらに「今は眠りたいから」と言って話しをしたくないようだったらしい。腹を立てておられた事が解った。夕方にもう一度電話をして、都合で連れて行こうと思っているので、その時は携帯に電話するという事で部屋を出る。

午後はフードバンク（寄付された食糧を貯蔵し、公共機関の援助が受けられない貧困者に分配する地方センター）へ。ペコさんが我が大学の以前のシャペロンに相談された時に、「うちの学生には、そのような施設は見せないで下さい」と言われたとか。しかし、その機関をどのように捉え、どのように受け入れるかは学生一人ひとりで違うのだから私は構わないし、ボランティアも良い経験だと思うと答えた為に実現したプログラムである。

フードバンクは日本にはない機関で、大きな倉庫のような建物の中に、寄付された缶詰、お菓子、野菜、果物、パン等あらゆる食品が貯蔵されている。寄付された食品を係の人たちは種類別に分けて貯蔵し、必要とする人達に与える為に袋詰めにして、すぐに手渡せるように準備している。

学生たちはグループになって、食品の種類ごとに担当を決められ、整理したり、袋詰め等の手伝いをした後、施設を見学した。私も缶詰め担当になって、缶詰めを種類別に棚に置く仕事をした。学生たちは、この施設やこのような機関をどのように受け止めたのだろう？　深刻な社会問題として捉えた者、物見遊山の者など様々であると思う。しかし見学後、どの学生も、またこのようなボランティアをしたいと言ってくれた時は、本当に嬉しかった。

その後、ゴールデンマイルへ。夕食は各自で。しかしCPに従って、彼女たちは食べる。私はティムとデイリークイン(ファストフード店)へ行く。味はまあまあかな？

そして映画へ。

映画が終ってロビーで長い間待たされた後、反対側の端のバーラウンジを兼ねた店へ先頭が入った。しかし「別に何も欲しくないのに、どうして入るんですか？」「入りたくない」等と言う学生が多かったし、私も同じ意見だったので、学生たちと外で待っていた。

九時前頃から、そろそろホストファミリーの迎えの車が来始めた。一時にならない限り、ホストの方々にお礼を言って廻ったが、ヒトミさんは「ハイ」で終っていた。何と言う人‼　全員送り終って、大学に到着したのが十時過ぎ。ティムが大学まで送ってくれた。ヒトミさんは「あなた、タクシーに乗る？」と言ったけれど、「結構よ。ティムが送ってくれるから」と言って断った。ティムは私がスケジュールも何も知らされていない事を知っているのか、自分達に与えられたスケジュールを車の中で私に見せてくれた。そして、「明日、僕に返してくれれば良いから」と言って帰って行った。

その後、またまるやの件で我が大学国際教育課と連絡。ここで再度、この学生より私が帰りたいと思ってしまう。嫌になる。

九月四日（水）

ダーリーンから、来週木曜日のランチに招待される。

朝は相変わらずきちんと来られない学生がいるので、出席を取る事にした。今日は九時からマイリア、十時からコリー、十一時からサンドラのクラスを参観する。

マイリアのクラスは、一応元気よく、元気だけは良いと言う感じのクラスであった。

しかし、授業の進行は大変だろうなと思った。反対に、コリーのクラスは、やりやすいだろうと思った。

その後、ペコさんと、まるやの帰国に当っての色んな事を相談し、ぎりぎり十一時にサンドラのクラスに入る。こくぼは名札を付けていないし、自ら進んで授業に加わろうという気持ちもない。どのように指導すべきか、頭が痛い。

昼食後、ムースジョーへ。街並みやトンネルは前回のままだけれど、土産物店がなくなっていたり、商品が少なくなっていたりで、前回ほど魅力的には感じられない。それだけではなく、前回以上に暗い印象が濃くなっているように感じた。

五時にバッファローバーガーを食べるために、ピットパットへ。大きなバーガーに沢山のポテトなんて食べられない。その後、ライスプディングなんて、無理、無理。

それからスパへ。来ている人に尋ねたら、常連の人がいなかったので、スパの男性係員に、このスパの特徴等を教えて貰った。矢張りリハビリなどの療養目的の方が多いとのこと。そうだと思う。皆さん、静かに入っておられて、学生たちのように、ギャアギャア騒いでいるような人は、誰一人いなかった。「静かにしなさい」と注意してもあの調子だったもの、しなかったら、どうなっていたのだろう。

時間になったのでロビーで集合し、全員で記念写真を撮った後出発。しかしバスが動き出してから、忘れ物があるという事でまた後戻り。そして再び出発。

途中のバスの中で、前方でティムが歌っているのに、後方で学生たちが違う歌を歌い出した。すると暫くして、気が弱くてやさしいカーリーがオロオロしだした。ティムと学生に気を使って泣き出しそうにしていたので、学生たちに歌を止めるように言う。

大学へ到着後、ティムとエリカと三人でレストランへ。ティムが招待してくれた。そして彼を含めて色んな事を話してくれた。ルースとヒトミは全く何事も解ろうとしない。ヒトミは僕たちCPにきつく当たる（同じような事を彼女がしたとしても、である）。ルースは仕事ができないし、ヒトミはすぐに他人を陥れようとする等々。彼女たちの事を詳しく解らない私でも、彼らと同じように感じていたので「仰る通り！」と心の中で言っていた。学生たちは、直接彼女たちには何も言わないけれど、しっかりと見ているんだと思った。しかしながら、このような人達は、何処の世界にもいるんだなと実感!!!

その後、これまでの我が大学のシャペロンについて話し出した。ちょっと聞きたくなかったが…。あのシャペロンは尊敬出来ない人だとか、いい感じを持っていないとか…。そして、自分たちの大学は、金儲け主義だとか等々。

部屋へ帰ったら、十一時を過ぎていた。その後、またまるやの件で我が大学の国際教育課と電話。長々と話した後、入浴。そしてベッドへ。午前二時。

大学の購買部で封筒等を買う。新学期の為、すごい人、人、人。

九月五日（木）

まるやが帰国の為、朝六時起床。七時にペコさんが玄関まで来て下さって、七時十五分に空港へ到着。航空券は新たに買った事になっているから、私が持っている航空券は必要ないと思って持って行かなかったのだが、そうではなかった。聞いていなかった私も悪いけれど…。兎に角タクシーで取りに戻って、再び空港へ。その間、ペコさんがまるやに細々と色んな注意をして下さっていた。それが丁度終った頃に戻る事が出来て、彼女はチェックイン。

ゲート番号を必ず確かめる事と、飛行機に乗る前に、「介助の必要な人や子供は先に搭乗させてくれるから、アナウンスがあれば、必ず申し出る事」と念を押す。

その後、二階でボディーチェックを受けてゲートへ向かったので、私達は大学へ戻った。ペコさんは「色々あったけれど、でも先生、ホッとしましたね。今日は二人で、慰労会をしましょう」と言って下さった。

大きな大きな荷馬車

八時四十五分に出席を取る。そして、昨日のバスでの出来事（ティムが前で歌っているのに、それを聴かずに自分たちで歌っていた事）について注意をする。それから体調が良くない人、例えば便秘、下痢、睡眠不足等は知らせるようにと伝えたら、色んな症状を訴えて来た。

その後、急いでサウスランドモールへ。牛乳やヨーグルト等を買ってから、卒業生でこの大学に留学しているのりこのサプライズパーティーの贈り物を買う。そして急いで大学に戻って、ダラスバレーランチ（ダラス渓谷農場）へ。

一時過ぎに出発。バスの中ではティムとリアンが中心となって盛り立ててくれていた。カーリーは控えめだけれど、とても良い青年である。ＣＰは今回も良い学生たちばかりでとても嬉しい。

自然の威力に閉口!!

ダラスバレーランチでは、まず最初にアリのグループから荷馬車に乗った。学生たちは嬉しそうにはしゃいでいたが、十分も経つと、走っても走っても景色が同じで何の変化もない為に、飽きてしまい静まり返っていた。その上、もの凄い数の蚊、しかも日本の蚊とは比べ物にならない位大きいので、じっとしているのが苦痛だったことも原因のひとつであった。バッタといい蚊といい、数や大きさはさすがカナダ、スケー

ルが違う！　そして人間の力が及ばない自然の威力に閉口する‼

それから学生たちが楽しみにしていた乗馬。これは、最初から最後まで、どの学生も大変喜んで、「キャアキャア」と言う楽しげな悲鳴が森にこだましていた。

最後のウォールクライミング（壁面登り）は、まあまあというところかな。一部の学生たちにとっては興味があったようだが、乗馬の時ほど全員が楽しんでいるようには思えなかった。しかし勇気ある学生が、何人か挑戦した。ひとりの学生がかなりの高さまで登ったが、矢張り頂上まで行けず、「行かれへん‼」「怖い‼」等と日本語で言い始めたので、「日本語禁止よ。そのような時でも英語で言うの‼」と言うと、「そんなん、無理や〜」と日本語で叫んでいた。CPのアリは登るつもりだったが、彼の足に合う靴がなかったので挑戦する事が出来ず、退屈そうだった。

ヴィクトリアモールを通って、大学へは五時過ぎに戻る。それから部屋に戻ってサプライズパーティーの贈り物と、ペコさんへの日本からのお土産を持って玄関へ。

その後、中華料理店でペコさんと慰労会。二人でピルスナービールを飲み、私が食べた事のない料理を選んで下さった。そしてこれまでの我が大学のシャペロンの事や、レジャイナ大学の内部の酷さ等を知る（CPからも聞いてはいたが…）。

我が大学のシャペロンの中には、酷い事をしてこちらの大学に迷惑をかけていた者もいたらしい。学生の面倒も見ないで、ルースやジョシーと三時間も四時間も話していたり、ホストファミリーへの悪態も大変なものだったようだ。関係者として全く何も知らなかったので、こちらの大学に対して申し訳ない気持ちでいっぱいだった。それと同時に、その時の学生たちは随分嫌な思いをしただろうと考えると、かわいそうに思えた。しかしこれら全ては、私自身への戒めでもあると、解釈している。

その後、ペコさん宅へ行ってから、ブルースと三人でメアリン宅へ。お土産を渡して、積る話をして…。その後、帰室。楽しかった!!

ルースから昼食の招待状が届く（断るつもり）。

先日のタクシー代の十四ドル、返して貰う。

九月六日（金）

ウェンディーの代理だと言って、ヘザーから電話。日曜日に招待を受ける。八時四十分ギリギリまで、ルースへの断りのカードを書いていた（昨日は疲れて眠くて、どうしようもなかったから）。それから玄関で、いつも通り出席を取る。私が話し始めようと思ったらペコさんがこられたので、「先にどうぞ」と譲った。内容は、「日本語を話す事は止めなさい」という事だった。これに関しては前回より、学生たちの性質が悪いと私も認める。

それから私の番。今日の多文化料理実習について注意をする。

・各家庭にお邪魔したら、きちんと挨拶をし、失礼のないように。そして調理後の後始末もきちんとして、帰る時はお礼を言って帰って来る事。

・明日のゴルフでのディナーは、レディーの身だしなみで出席する事。

その後は部屋で書きものをしたり、サラダを作ったり等々。全く自分の仕事が出来ていないので、悲しくなる。

午後から、私はペーレさん宅へ。動物の里親をしていらっしゃって、犬二匹（三本足の犬もいる）、猫四匹という、とても賑やかな家庭である。それよりも何よりも、私が驚いたのは、彼女が素晴らしい美人であること。でも彼女はそんなことを自慢するわけでもなく、学生たちにゆっくりと、しかもとても上手にリードしながら、自分の国（メキシコ）の料理を説明して下さっていた。

食事を作り終え、食べ終えた後、バスで帰ると言ったら、一人の学生のホストマザーのダーリーンが迎えに来て下さるという。その間四十分位、彼女と話していた。凄く人間的魅力のある人だ。ダーリーンやメアリンと少しタイプは違うけれど、でも彼女も好きになった。

自室に戻ってアイロンを掛けた。そして書類の整理。お金（公費）の計算。自分のお金をこんなに丁寧に計算した事なんてないなぁと思いながら。また今日も自分の仕事が出来なかった。嫌になる。

九月七日（土）

今日は午前中、たまっていた書きもの（お礼状等）やアイロン掛けなどをして過ごす。一時半からスポーツ組と会話練習組とに分かれる。前回雨が降っていたので、もう一度カヌーをとお願いしていたが、今日も雨だったので、室内で出来るスポーツということになった。

体育館も立派で、バレーコートなら四面くらい取れる広さだと思うが、最初は二面でやっていた。その後アイスホッケーと同じようなゲームをやり出した。カヌーではなかったけれど、学生たちはとても楽しそうだったので安心した。

その反面、体調の悪い学生たちがいたので、彼女たちには二階オフィス前のテーブルで自習させる。りさは個人発表の準備がまだできていないようだったので、私なりのアドバイスをしたら、「何だか出来そうな気がする」と言ってくれたので安心した。

四時四十五分のバスで、ディナー会場のレストラン・ゴルフへ。前回と同じだけれど、雰囲気が何故か違う。ＣＰが二人だけ。そしてヒトミ、さらにジョシーと彼女の苦虫をかみつぶしたような夫というメンバーだったからか？　肉はミディアムだといっているのに、墨のように焦げていて全く美味しくなかった。ジョシーの夫は、肉にベーコンが巻いていなかったと言って怒っていた。

食後はホストが迎えに来て下さったが、ヒトミは学生に知らせるだけで、彼らには挨拶もしない。彼女は、本当に失礼な女性だと思う。私はこれまでの我が大学のシャペロンの失礼も埋めなければと思って、一人ひとりのホストに心からのお礼を言って帰ってもらった。

部屋に戻ってお風呂に入るが、その最中、十一時頃に電話。慌てて飛び出して電話に出たら、メアリンだった。オーロラが出ているから、すぐに外を見るようにということだった。急いで窓のカーテンを開いて外を見る。初めて見た。幻想的な自然現象で言葉も出ず、暫く我を忘れて空を見上げていた。

大変な事もあるけれど、このように素晴らしい事にも出会えるのだと思った。

九月八日（日）

朝八時半、明美（妹）から電話。携帯に電話をしたが、繋がらなかったから部屋に電話をしたという。この携帯は本当に役に立たず、荷物になるだけである。必要ないとつくづく思う。

明美から風邪を引いているのかと言われる。確かに頭痛がして体が重い。薬を飲もうとも思ったが、何か口に入れた方がと思い、ソーメン、サーモンサラダ等を食べた後、風邪薬を飲む。その後またウトウトする。

十一時頃に電話。メアリンである。夕食はどうするのかと尋ねて下さった。いつも良くして下さって、頭が下がる。

十七時前に階下へ。少し早かったので待っていたら、えりか、あやこ、そしていしだが黙ってこちらを見ていたのに気が付いた。いしだのパーソナルリサーチを手伝っていたとか。少し話をしていたら、ウェンディーが来て下さった。車に乗ったらヘザーが助手席にいた。それから三人で話しながらがご自宅へ。

まるやのお礼と招待して下さったお礼を言い、お土産の品を渡す。その後、ディナー。ヘザーの手作りである。二人が助け合いながら生活している事が良く解る。それに人間だけでなく、犬も仲良しなので、嬉しくなる。折り紙をしたり、京都の話をしたり、とても楽しい一時であった。頭痛もだるさも何処かへ行ってしまった。

部屋に戻ってから、アイロンを掛けた後、明日の準備をする。

九月九日（月）

ラムズデン小学校へ。

八時四十五分の集合が、未だに守れない。先が思いやられる。

土曜日に体育館でジャケットを忘れた学生、風邪薬や便秘の薬を取りに来る学生

総督官邸とワスカナ湖を背に

等、さまざま。

またラムズデン小学校では、どのような子供に対しても同様に扱う事を、くれぐれも注意した。その後、体育館へ学生の忘れ物を探しに行ったが、見当たらなかった。

十時にサスカチュワンツーリズムのテッドホーナグさんと会う。レジャイナ・インでお茶を飲みながら、レジャイナの魅力を詳しく話してくださったので、それをビデオ撮りした。自分の住む街をとてもよくご存じ（当たり前のことのようだけれど、意外と、皆知らない）で、好感の持てる良い方だと思った。

それから大学に戻ったら、ジョシーから電話。救急車代等の請求が来たから払えという。現金で払うと言ったら、出来ないと言われ、自分のカードで支払う事にした。ついでにメールを受け取って部屋へ。再度、ルースから昼食の誘い。明日十一時三十分からだそうだ。余り気が進まないので、断りの返事を出す。

一時三十分からラムズデン小学校へ。前回は全く段取り等が良くなくて、時間がかかってしまったが、今回は、彼女たちの授業担当の先生方やＣＰと一緒だったので、どのクラスもスムーズに進行したので嬉しかった。

授業終了後メアリンは、留学生と一緒にラムズデンの谷や教会、湖等を案内して下さった。その後、車で少し走って留学生を下ろした後、ストーンスロー（カフェ）へ。それからまた総督官邸や美術館等を案内して頂いて、レーザークウェスト（レーザーが出るライフルを各自が持って、チームに分かれて対戦するゲーム）の会場へ。どのチームも全て終了したのか、フリスビーをして遊んでいた。

その後、十五分程したら、ホストが次々と迎えに来て下さったので、車が到着する度にお礼を言いに廻り、学生とホストを見送った。最後の学生を見送った後、ペコさんに送って貰って大学へ戻る。

九月十日（火）

孝ちゃん（自宅向いにお住いで親しくして下さっている方）から荷物が届く。心遣いが嬉しい!!

ルースから昼食を早目にするから来るようにという誘いがあったが、マイクとの約束を取り付けて断った。

まずマイクの車で郵便局、その後、救急車代金の両替、そしてカウボーイショップやワスカナ・プレイス（土産物、雑貨屋さん）等に行って貰った。ワスカナ・プレイス近くのレストランで昼食を取ったが、ナント、マイクがご馳走してくれた。

その後、彼は総督官邸まで送ってくれた。五分も待たない内に、学生たちが乗っているる黄色いスクールバスが来たので、マイクと別れて学生たちと合流し、総督官邸内を見学する。

四時に大学に戻るが、ペコさんがいらっしゃらず、確か四時だと思ったのに…。三十分程待っていたら、大きな箱を持って現れた。そして「お話があります」と言われ、「こくぼが全く個人発表の準備が出来ていないので、これをやらせようと思います」と調理器具を持って来て下さったのである。担当の先生はペコさんが手伝う事に反対していたが、了承したからとか。

それから車でブルースの家へ行き、彼と息子のチャーリーと共に、ブルースのゴルフ場へ行く。レストランでの食事は、先日のゴルフよりずっと美味しかった。ここで飲んだビールは、「グラスホッパー」という名のビールで、レモンが一切れ入っていて、とても美味しい!!　今回はこちらに到着時からクラスホッパー（バッタ）に縁がある。

空港に降り立った時のあのグラスホッパー（バッタ）の大群を皮切りに…。

食後は、ゴルフ場のカートを運転させて貰った。あちこちにウサギがいたり、美しい緑が広がっていたので、楽しい気持ちになった。

九月十一日（水）

朝八時からミラー先生に謁見の為に出掛ける。凄く感じの良い方なので、率直に物事を言うのは躊躇ってしまうような気がする。しかしまず学生の為、そして大学の為と思って敢えて苦言を呈した。

その後、病院へ行ってX線や診断書を取りに行く。院内は陰気な感じで、しかも迷路のような廊下が続き、それを行ったり来たりして何とか終了。

サイゴン・バイ・ナイトで中華料理をご馳走になる。その後、ヘンリーズで降ろして貰って本を買う。そして百貨店ベイでコーヒーやキャンディー等を買う。フィルムも足りなくなったので買い、その後、ワスカナ・プレイスでガラス製の麦を買って自室へ。

ホッとする間もなく、ペコさんから電話で、すぐに部屋に来てほしいとの事。みわこの事である。また騒ぎを起こしている？　自分のスーツケースにホストのイヤリング、ジュース等を入れている。立ててある写真を引っくり返す。夜中に起きて物を食べる等々。信じられない行動である。

六時四十五分に玄関へ。ブルースの車でケッグへ。誰もいなかったが、すぐにマイクや元気のいい女の子、アリとアレ、カーリーそして随分後にライアンとティムがやって来た。皆楽しそうに食事をしていたので嬉しく思った。彼らは招待した私に気を遣ってくれていたが、こちらこそ、学生たちが大変お世話になったのだもの。これ位は当たり前のことである。

十時過ぎに部屋へ。お腹一杯。ケッグのディナーも凄く良かったと思う。

九月十二日（木）

個人発表の日。出来るだけたくさんの学生の発表を見てやりたいと思い、カメラを片手に三つの部屋を行き来する。こくぼもペコさんのお陰で、しっかりと発表が出来たので嬉しく思った。

昼休みに、たなべたちが、みわこの事を言いに来た。彼女は過食症だから精神が不安定だと思って、大目に見てやってと言っておいた。

午後は工作の時間だったので見学するつもりが、教室が判らず行けなかった。それで三時五十分頃に玄関へ再び行ったが誰もいない。辺りを見回したら、ライアンがいたので尋ねたが、彼も知らないという。暫くしたらバスが来たので、ライアンが遅くなるのでと言いに来て、行ってしまった。

結局、四時三十分も過ぎてペコさんの家へ。おにぎりやお菓子、それにデザートまで用意して下さっていた。感激!!

途中、あずまがまた勝手な事をして、ペコさんが怒る。彼女は、ペコさんや私に言う事と、ホストに言う事が違うのである。訳が解らない!!

ダーリーンがロイと一緒に迎えに来て下さった。一九二七年のシボレーに乗せて下さるとか。見た事もなかったし、その上、乗せて貰えるなんて、感激である。よかった!

今日は孝ちゃんが送ってくれたお菓子等を、お世話になったホストに持って帰ってと言って学生たちに言付けた。ちゃんとホストに説明するように言ったが、出来たのだろうか?

大学から電話（研修後の旅行の事で）

朝、明美から電話（空港まで迎えに来てくれるとの事）

この年はまず研修先で事故があったこと、精神的に不安定な過食症の学生、さらに英語力がかなり低い学生がいた事、先方大学の関係者の対応が最悪であった事などで心身ともに疲れ果てた研修であった。

chapter 3

卒業生がたいへんな事に

（第３回研修）

テロの影響で

八月二十四日（木）

アメリカのテロ騒動の影響で、例年なら出発時刻の二時間前集合が、今回は三時間前集合となり、八月二十四日十四時五十分となった。

自分の身の回りの物はさて置き、学生たちに関する書類や大学間で必要な書類、救急用の薬やカメラ等のチェックを念入りにしていたら、またまた引率を引き受けたことへの後悔の念に駆られた。

学生たちの全員集合の後、チェックイン。これまでは花火、ガス性のドライヤー等の為にスーツケースを開いて没収されていたので、今回の学生たちは何をしでかしてくれるのかと、ハラハラ、ドキドキであったが、無事何も無く終了し安心した。しかし、これからまだまだ先がある、と自分に言い聞かせながら、ボディーチェック、出国審査を受け、出発ゲートへ向かわせる。

今回は三回生に連携を頼んでおいた。団体で行動する時で、私が最初に行く場合は、一回生、二回生と続き、三回生が一番最後に付いて全員が続いて来ているかを確認する。三回生が先頭で行く場合は、私が最後から同じことをしながら続くという作戦である。

テロの影響で、持ち物やボディーチェックがとても厳しく、従って時間も多く費やした。そのために、バンクーバーやエドモントンでの乗り換えの為の移動は、なるべく機敏な行動をと思いながら移動した。国際線から国内線での限られた時間内での移動は、私がドンドン走るので、最後尾で三回生たちは戸惑っていたようである。しかし、戸惑いながらもしっかりと任務を果たしてくれている姿を見て、とても嬉しく思った。

エドモントンの空港でレジャイナ行きの飛行機を待っている時、学生たちは、ホストファミリーの出迎えにどのように対応すればいいのかと悩んでいるようで、バンクーバーでのはしゃいだような感じは、見受けられなかった。「英語でどう言えばいい

新しくなった学生寮

のか」とか「ちゃんとできるだろうか」等々、色んな質問を毎回通り受けた。
レジャイナ行きの飛行機に搭乗した後は、少々出て来た疲れと大きくなる不安で、堅い表情の学生が多くなった。口数も少なくなり、全員が同様に窓外の景色をじっと見ていた。空と麦畑以外は何もない景色が続き、レジャイナの空港（以前より一層広く、綺麗になっていた）が近付いて来た事を知ると、学生たちからは、絶望にも似たような溜息が出た。
飛行機を降りてターミナルに行き、

私が先に荷物を取ってホストの方々がたくさんおられる空港ロビーで待つが、学生たちはなかなか現れない。しかし漸く疲れたような、恥ずかしい様な、また困ったような、訳の分からない表情で、彼女たちは足取り重くやって来た。

しかし、ホストの方々と挨拶をすると緊張が一気に解けたのか、スーツケースと共に、一人また一人と、嬉しそうな表情で、お世話になる家庭に向かって行った。全員が去った後、今回は荷物の紛失もなかったので、ホッと一息付きながら、私は自分の宿舎に向かった。

大学は二棟の高い寮が建てられていた（その分、緑が少なくなっていたが…）。私はその北棟の二階の一室が割り当てられていた。キッチン、バスルームがあり、キッチンには、オーブン、冷蔵庫、ダイニングテーブル等が備え付けられていた。食器、キッチン用品はなく、でもペコさんが必要と思われる物を準備して下さっていた。いつもながら、彼女の配慮には頭が下がる。

十時頃に風呂に入ろうと思って準備し始めた途端、寝室の扉がロックアウト。ほぼ裸で、何とかしようと奮闘したが、体は冷たくなるし、手は痛くなるし、助けを呼ぶしかないと思った。が、しかし、ほぼ裸では、どうにもならず、バスルームにあるシャワーカーテンを体に巻いてエレベーターまで行き、そこからボタンを押して助けを求めた。暫くして、温厚そうな男性の方が来てドアを開けて下さった時は、その方が神様のように思えた。

その後、お風呂に入ったが、体が冷え切っていたのか温まらず、寒くて殆ど眠れなかった。

八月二十五日（金）

八時三十分に寮の前でペコさんと会った後、ＥＳＬ館（英語研修生事務所）へ。二階の会場で簡単な歓迎式の後、実力テスト。その後、学生たちはペコさんから色んな留意点を聞いたり、印刷物の配布等が十五分位あったりした。その中で、ホストファミリーの話になった時、たむらがベッドをシェアしている事を言い、問題となる。

昼食後は学内見学。旅の疲れが取れないまま、その上緊張が加わり、可哀そうに思うが、「頑張れ!」と心の中で学生たちにエールを送っていた。

夕方、たむらから電話があって、自分が言ったことでグレッグやパットと気まずくならないかと気にしていたが、「台湾の子から、嫌味言われることがなくなるからいいじゃない」と言って、変な慰めかたをした。

夕方六時に、ロイとダーリーンが寮の前まで迎えに来て下さった。卒業式だから、矢張り訪問着だろうと思い、それを着て出席したら、全く知らない方からも話し掛けられた。「日本では子供も着物を着るのか?」と言われ、「生まれて一ヵ月後に着物を着て、神社に詣でる」と言ったら、驚いておられた。ダーリーンはしきりに着物や帯の値段を尋ねてきた。

会場には、我が大学の留学生が何人かいて、席まで挨拶に来てくれた。その内の一人が優秀賞をもらったので、とても嬉しく思った。会場では、バートランド先生が、わざわざ挨拶に来て下さり、その後、ミラー先生にも引き合わせて下さった。彼の人柄に感謝！

帰りにダーリーンから、ズッキーニー入りのマフィンや姫林檎の差し入れがあった。「何か足りないものがあったら言ってね。行きたい場所や解らないことがあれば言ってね」と言って下さる。彼女の好意にも感謝である。

卒業式に行く前にたむらから電話があり、明日、違う家に行くとパットから聞いたとの事。早速ペコさんに連絡した。

素晴らしいアラビア馬

八月二十六日（土）

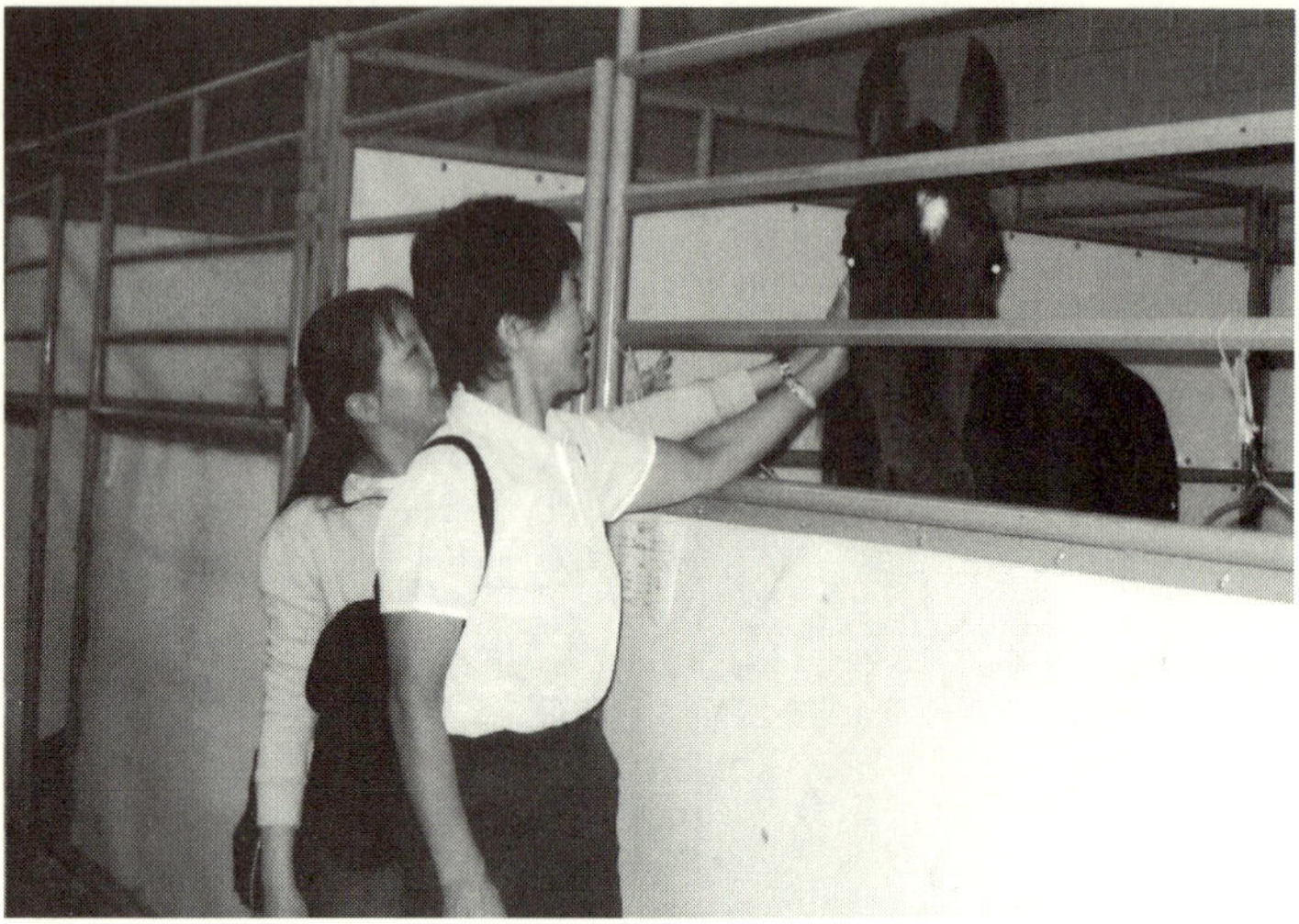

アラビア馬と厩舎

少しホッとしたのか、九時近くまで眠ってしまった。起きてサラダ等を作り、朝食を済ませる。

十時過ぎにメアリンから電話。夜のホースショーの件は六時半頃にもう一度電話するとの事であった。そして今日はオープンマーケットをしていると教えて下さった。少し迷ったけれど、行く事にした。

大学前のバス停からバスに乗ったのは良いが、バス代を払おうとして十ドル出したら、お釣りが出ないらしく、「コインは二ドルもない」と言うと、「それでいい」とドライバーに言われ、持っているコインを全て手渡した。そして降りる時に、何処でバス券を買うことが出来るかと尋ねると、親切に教えて下さった（毎回来る度に同じ事をしている）。

その後、マーケットに行ったけれど、一時近くになっていたので、ほぼ終わりであった。それでコーンウォールセンター等を回ったが、私が以前良いなと思っていた店が無くなっていたので、がっかり。そして、前回ダーリーンに教えてもらった店を探すが、その店も見当たらなくて、またまたがっかり。歩き疲れて、もううんざり。

部屋に戻った後、たむらから電話。良い家庭に移ったそうで、安心した。

七時前にメアリンとめぐみが迎えに来てくれて出発。アラビア馬のショーは、日本では見られないから、とても楽しめて、良い経験が出来た。アラビア馬はサラブレッドのようなスマートな体型とは程遠いが、どっしりとしていて、逞しく、愛嬌や頼りがいがあるように感じられる。途中、近くの厩舎に連れて貰った時に、あぁ、私はやっぱり馬が好きなんだと思った。どの馬も本当に可愛い。

前回ミュージックライドに連れて貰った時にも思ったが、普段はあまり人に合うことが少ないこの広大な土地に、何処からこのようにたくさんの人が集まって来るのだろうと思う。またこれだけたくさんの馬を、何処で、誰が、どのように世話をしていらっしゃるのだろうとも思う。

八月二十七日（日）

昨晩は、全く眠れず。寒いのか、お腹が空いた為か、全く原因が解らない。そんな時、五時頃に電話。卒業生で、こちらで語学留学の予定の山田さんからである。こちらのホームステイ先に二日早く行って良いかどうか尋ねたが、その返事が来ないと言う。いずれにしてもスローというか、いい加減というか…。最悪の場合は、私の所へ来ても良いし、小さな町なのに結構沢山のホテルがあるから、一人くらい何とかなるだろうし、心配しなくて良いと伝える。

花火と共演コンサート

その後、朝食（?）。それからまた眠ってしまったようで、気が付けば十一時半。メアリンから電話で、二時に玄関へ行くとの事。

モーツアルトコンサートはワスカナ湖近くの一面芝生の場所で、これもメアリンの配慮である。モーツアルトの交響曲三九番やオクラホマの歌を楽しむ事が出来た。またチャイコフスキーの交響曲四番や「ラッパ吹きの休日」も楽しかった。最後のチャイコフスキーの一八一二序曲は、花火との共演だった。色んなコンサートに行ったけれど、これは初めてだった。素晴らしい!!

その後、レイクショアで買い物をし、送って頂く。塩やバター、紅茶を買うつもりだったが、メアリンが「あげるから買わなくて良い」と言って下さったので、お言葉に甘えることにした。

そして早速七時過ぎにメアリンから電話があって、その後すぐに持って来て下さった。感激である。そして明日、ダーリーンやロイが来るから一緒にどう?、と誘って下さったので快諾した。しかしよくよく考えてみたら、メアリンには随分忙しい思いをして頂く事になるので、これは申し訳ないと思い、キャンセルにした。

今晩は眠れるかな?!

八月二十八日（月）

八時五十分玄関前に集合。四十五分に行くと、既に一人を除いて全員集合していた。学生たちは初めてバスに乗って、おっかなびっくりでやって来たのだろう。「おはよう！」と声を掛けると、ホッとした表情を見せてくれる。

教室に入って説明を聞いた後、食堂でグループ別に会話の授業。その後、私はバスでダウンタウンへ。

そして十一時四十五分のバスで大学へ戻る。しかし私はティムと昼食。その後、また一人でサウスランドモールへ。何故か以前ほど物珍しく思えない。当たり前、三度目だもの。しかしそれだけではなく、私が変化しているのか、世間が変化しているのかも知れない。

部屋に戻ってカードを書き、その後夕食。ティムの合格祝い。彼が色んな事を話してくれて、知らなかったことが多すぎるような気がする。

明日は、メアリンがサスカトゥーン（州都）に連れて下さるそうである。楽しみ。

八月二十九日（火）

八時三十分にＥＳＬ玄関に行く。途中Ｂ教室で三人の学生がいたので、出席簿を渡して自室に戻ろうとしていたら、ペコさんに会う。メアリンとの事を話して了解を得る。そしてペコさんから日用品を借りる。また野菜の差し入れがあった。有難い。

それから試験の結果が出たので見せてもらう。すこぶる悪く、特に一人、どうしようもない学生がいる。彼女に対して、本当に成す術がなかったら、どうしよう。

九時半にメアリンと車で出発。サスカトゥーンは二五〇キロ余り。遠い!!　まずズームミュージアムへ。これは昔の開拓時代の様子が再現された博物館で、映画に出て来る西部劇を見ているような気がした。それから食事、買い物、そして湖畔の散歩等。

そしてとうとう到着したサスカトゥーンは、やはり都会であった。たくさんある店をあちこち見て回った。まだ八月だというのに、ハロウィーンの商品がたくさん出ていた。メアリンは、ただ黙って付いて来て下さっていた。その後は、ただひたすらレジャイナに向かって走るのみ。運転して下さっているメアリンに、申し訳ないと何度も思った。部屋に戻ったら十一時半だった。

その後、食事、入浴、そして実家と明美に電話。きょうは、よけいな物を買い過ぎたかも?! 反省!!

八月二十日(水)

昨晩は全く眠れず、夜中にポテトサラダを作る。一時間程眠って起床。さすがに眠い。

九時前に点呼の後、大学からバスで一時間半のところにあるムースジョーへ。温泉が湧く観光地として知られるが、カナダのアジア系移民の苦難の歴史があるムースジョートンネル博物館もある。

まずこの博物館を見学するが、恵まれた環境の中で育てられた学生たちには全くの未知の世界である。いつもは賑やかな学生たちであるが、このトンネル内では全員押し黙っていて、彼らの劣悪な日常生活についての説明を、神妙に聞きながら見学していた。

トンネル見学の後、スパで水泳。その間に食事。しかし訪れるたびに、さびれた感じがする街を見ると、三度目の私は、感激と言うより、とても悲しくなった。

しかし学生たちは、今日のムースジョーだけを見学しているので、私とは違って感じることは多いと思う。地下で何十年も奴隷のような生活をしていたアジアの人々の生活の足跡を見て、彼女たちは何を思ったのだろう。見学の前はペチャクチャとおしゃべりだった学生たちであったが、見学後は少し口数が少なかったので、彼女たちなりに色んな事を考えたのだろう。しかし、その後の食事の時やスパでの水泳の時は、すでに元の彼女たちに戻っていたので、一安心!! 大学に戻るバスの中でも、彼女たちは疲れも見せず、元気に歌を歌っていた。

大学へ到着し、学生たちを見送った後、部屋に戻る。その後、メアリンに電話。土曜日に泊りに来るように誘われていたけれど、山田さんが来るので無理だと伝える。けれども土曜日の夕食には伺う事を約束した。

八月二十一日(木)

朝の点呼の後、ペコさんの部屋へ。CPセッションを、今週中に集中して行うとの事で了解した。それと、来週火曜日のダラスバレー牧場行きの時間を確認した。その後、部屋に戻って朝食。ソーセージエッグを作っていたら、またもや呼び出し。今日明日は、特にスケジュールに変化がないので、以前メアリンに連れて行ってもらった店を尋ねたく思い、場所を確認しようと彼女に電話。すると、ついでがあるからと、連れて行って下さった。しかし本当はついでではなく、わざわざだったので、恐縮する。「パンはあるの?」「食事はどうしてる?」等と尋ねて下さる。本当に感謝、感謝である。

今日案内してもらったお店は、前回行ったお店もあったが、新たな店もあった。最初は方向が全く解らず困ったが、帰る頃になって漸く解って来た。見るだけでも、素敵なお店ばかりだった。

バス券を失くした事に気付く。ショックである。また買わなければ…。

ああ煙探知機

九月一日(金)

今日でティムが最後である。CPセッションがあると聞いていたが、九時からはカーリーの発音授業で、十時半からと十一時半からの二つに分けてのCPセッションとの事であった。それぞれの時間帯に行って、それぞれのグループでの授業の様子を写真に収める。

午後はサンディーとリンのビジネスクラスがあったので、その授業の様子も撮らせてもらう。

それからヘンリーへ行き、ジーンズのワンピースを試着するが、アームホールが大きすぎて断念する。その後、バスでコーンウォールセンターへ。中にある郵便局で、郵送の箱等を買って大学へ向かう。

大学前のバス停で降りると、アイス等を持ってバスに乗り込もうとしている我が学生がいたので注意する。そのように行儀の悪い学生もいるのだと思うと、ホント情けない。

夕食は鮭のバター焼きとサラダ、赤飯、筍の味噌汁と豪華版である。炒め物をする時に、少しの煙が出ても煙探知機が鳴り、驚くことがしばしばあったので（と言っても、誰も飛んで来ないのであるが）、煙探知機にシャワーキャップを被せたら、鳴らなくなった。しかし探知機が敏感なのではなくて、換気扇の力が弱く、煙の逃げ場がないことが原因だと解った。キッチンは小さな鮭一つをバターで焼いているだけ、しかもファンも「強」にしているのに、部屋中煙だらけになるのだから。しかしこれがカナダなのである。

節ちゃん（大学時代からの親友）に電話。泰君（彼女の二男で医学生の時にこちらへ留学）のホストに電話したが、留守だった事を伝える。

九月二日（土）

朝九時十九分のバスで、ファーマーズマーケットに行く。矢張り以前ほどの賑わいはないように思った。何故だろう？　前回と同じくハニークリームとチャオ(母の犬)の服とスカーフを買う。

その後、コーンウォールセンターへ行き、入った事のない下着屋さんを覗く。下着屋さんといっても、勿論下着も売っているが、パジャマやバスローブなどがあり、なかなか面白い店だと思ったからである。明美の好きそうなウェア（たぶん）を買った。その後、郵便局を見ると営業していたので、一度部屋に戻る事にした。

昼食を済ませた後、郵便物を持って再びダウンタウンへ。郵便物を出した後、シアーズ（デパート）で母のジャケットとジーンズを買う。明後日誕生日だけれど、一緒にお祝い出来ないから、せめてお祝いの品だけでも買っておこうと思ったのだ。

夕方六時二十分に、ブルースがペコさんを助手席に乗せて玄関へ来て下さった。その後、玄関にいたみゆきと共にメアリン宅へ。相変わらず綺麗に整理整頓したお宅である。

たっぷり夕食を頂いて、美しい庭を見せてもらったり、色んな話をする。彼女は仕事もあるのに、どうしてあのように大きな家を美しく保つことが出来るのか、私には不思議で仕方がない。その後、再びブルースの運転で送って頂いて部屋に戻る。

ご飯とバーベキュー、そして花を頂く。ご飯はおにぎりにして冷凍した。洗濯を毎日するので、手が荒れて来た。嫌だなぁ。

九月三日（日）突然の悲しみが……

朝早く起きて、湖の周りをジョギングする。その後、「ボウエン」を少し読む。三時半過ぎにタクシーを呼んで空港へ。山田さんのホストファミリーとなるカトリーヌが声を掛けて下さって、彼女のボーイフレンドと三人で山田さんの到着を待つ。

彼女は嬉しそうに、空港ロビーにやってきた。そして、彼女が自分の到着を知らせる電話を日本の自宅にしたら、ナント、お父様が亡くなられたというのだ。言葉も出なかった。

ペコさんに連絡するが、全く連絡が付かず、また山田さんの携帯からの国際電話が駄目だから、取り敢えずカトリーヌの家へ電話するか、カトリーヌの家からコレクトコールをするか、私からカトリーヌの家の電話番号を…。全く訳が解らなくなる。兎に角、何らかの方法で、こちらの今後の予定を山田さんの実家に伝えなければならないのだ。その前に一刻も早く、帰りのチケットの手配もしなければならなかったが、今日はとても不可能らしく、明日を待たなければならなかった。そんな中、学生が泣きながら電話をして来るし、山田さんだけでなく、私もパニックだった。しかし心身ともに疲れている彼女を、ひとまずカトリーヌの家へ行って休ませてもらうことにした。

私も自室にもどり漸く落ち着いて眠ろうと思ったら、深夜十二時十五分位前に、今度は卒論の質問があるのですがという日本からのメール。それが終って、今度こそ寝ようと思うと、外でこちらの学生たちが大声で騒いでいて眠れない。結局、眠れなかった。

九月四日（月）勤労感謝の日

深夜に部屋に戻って、眠れないまま一時間位経った後、山田さんとカトリーヌ、そして彼女のボーイフレンドが来る。カトリーヌのボーイフレンドは、イタリア人らしくないイタリア人で、とても穏やかな感じの方である。英語のアクセントもイタリア人特有のアクセントがなく、自然で聞き取りやすい。

山田さんは平静を装っているが、心の中の事を思うと可哀そうで、掛ける言葉も出て来ない。彼女のことだから気丈に振舞っているが、心の中は、激しい嵐が吹きまくっているように泣き叫んでいると思う。そう思うと、何も出来ない自分の無力を感じる。

四人で空港へ行き、一番早いチケットを何とか手配してもらうことができたので、彼女はほとんど眠らずに帰って行った。彼女を空港で見送った後も、機内で何を考えているのだろう、大丈夫かしらなどと思うと本当に辛くて、悲しかった。

部屋に帰ってもそんな事ばかり考えるので、ジョギングをする事にした。その後、郵便局に行こうと思ってバスの時刻表を見るが、ない。ない、ということは、バスが動いていないと言う事？　まさかと思ったが、その「まさか」であった。バス停へ行ってみると、休日は午後から一時間に一本あったので、良かったと思って待っていたら、ジョギングしている男性が「今日、バスはないよ」と教えて下さった。矢張り休みなのだ。「勤労感謝の日」だからだが、日本では「勤労感謝の日」でも公共交通機関が休みなんて絶対にないもの!!　驚きである。

仕方なく部屋に戻って読書。しかし睡眠不足の為に、すぐに眠ってしまう。しかしダーリーンの電話で起こされる。水曜日にショッピングに連れて下さるそうで、十一時に玄関へ迎えに行くとのことである。

その後、再び読書。五時半頃、窓から下を見ていたら、ブルースの車があったので降りて行く。そしてその後、ペコさん宅へ。

何年ぶりかのペコさん宅は、猫が沢山増えていた。ブー、タイ、ポンタ等々。素敵なディナーで、嬉しく（いつもだけれど）思った。久し振りにビールやカクテル等も

広大な渓谷の中にある大牧場

ご馳走になった。その後メアリンが、明日からBC（ブリティッシュコロンビア）へ行くことになり、引き揚げると言うので、便乗して送って貰った。

九月五日（火）

今日は十時半から、大学からバスで二十分程の所にあるダラスバレー牧場に向った。穏やかで広大な渓谷の中にある大牧場である。見渡す限り空と麦畑、緑の牧草地で、あとは我々と牧場の馬のみである。

乗馬をしたり牧場内の渓谷を散歩したり、干し草を積む大型馬車に乗って牧草地を走るが、何処まで行っても景色は同じで、空、麦畑、そして緑の牧草地なのである。馬車は同じ場所を走っているわけではないが、何処までも同じ景色なので、学生たちは途中から飽きてしまっていた（毎年同じである）。

乗馬は学生たちが楽しみにしていたので、説明の時も熱心に耳を傾けていた。そしていざ乗馬する時も楽しそうだったが、「キャーキャー」と声を張り上げるので、ペコさんから「馬が驚くので、止めて下さい!!」と何度も言われていた。説明の時にも注意があったではないかと思うと、腹が立つやら情けないやら。馬は彼女たちの声に怯えて動かなかったり、ジャンプしようとしたり…。言わんこっちゃない。

牧場で飼われているテックスと言うゴールデンが人懐っこくて、日本へ連れて帰りたいと思う位である。短い時間であったが、学生たちは日本では味わえない経験をし、田舎でゆっくりした時を過ごせたのではないかと思う。

朝の出欠の後、サイファリングさん（泰君のホストだった）に電話。漸く繋がったが、ご主人だったので電話番号だけ伝えておいたら、夜、奥さんから電話があった。そして日曜日の夕食に招かれたので、早速、節ちゃんに電話した。

電話と言えば、細ちゃん（中学時代の同級生）にも夕方電話した。今回の研修の出発日が彼女の誕生日だったので、お祝いを言えなかったからである。彼女は感激して電話の向こうで泣いていた。電話で感激してくれるなんて…。私ももらい泣きしそうだった。明美から、紀子様に男の子が生まれた（二五八二グラム）と聞いた。よかった！　男の子!!　万歳!!

今週は、明日の水曜日十一時、ダーリーンと。

金曜日　十九時にビー宅へ。

日曜日　十六時半にサイファリング宅へ。少々忙しいかな？

九月六日（水）
今朝はＣＰセッションの後、韓国の学生に学内を案内するというので、学生たちはかなり緊張していた。私も、大丈夫か、務まるのかとハラハラするが、「案ずるより何とかかかな」と思ったり、また大変な思いをするのも上達の為に通る道だと思ったり…。兎に角、学生たちを励まして教室へ行かせた。
韓国の学生たちは、一定レベル以上の学生たちで、しかもカナダに来る前には、既に合宿をしてトレーニングを重ねた後に来ているという。しかも今年の学生たちは例年より出来が良いとか。
それに引き替え我が学生たちは、英語力に関しては全くバラバラである。しかも今年の彼女たちの英語力は、例年に比べて少し低いと初日に宣言されていた（この言葉は、自分の能力が低いと言われている以上に悲しくなる）ので、私の胃はずっと痛み続けていた。しかし、英語力は低いかも知れないが、性格的には、全員とても良い学生たちばかりだと言われている事を、学生たちの名誉の為に伝えなければ。

十一時から、私はダーリーンと出掛けた。ローズ通りのブルーマーのクリスマスコテージという店に行った。何と、半額セールをしていたので、ウィローツリー（柳の木の枝）の人形を幾つか買った。その後、もう一軒の店へ。それから美術館へ。とても素敵なドリームキャッチャー（ベッドの近くに置いておくと、良い夢はそのまま、悪い夢は網目から通り抜けて放り出してくれると言う伝説の民芸品）があったが、とても高くて買うのをやめた。美術館へは、ダーリーンが一人で行くように言ったので、どうしたのかと思ったら、腰が痛いからとか。私が美術館に入っている間、彼女は車の中で本を読んでいた。

その後、コテージという店で昼食。とてもいい感じのお店で、ゆっくりと二人で話をした。いつも良くしてもらっているので、昼食代は私が支払った。それからウォールマートとチャンピオン（本屋）へ行った後、ストーンスローというカフェテリアでお茶を飲み、送ってもらう。ダーリーンは、腰が痛いとかで、余り動かなかったし、手動ドアーも一人では開けることができず、可哀そうな位だった。それなのに、誘っ

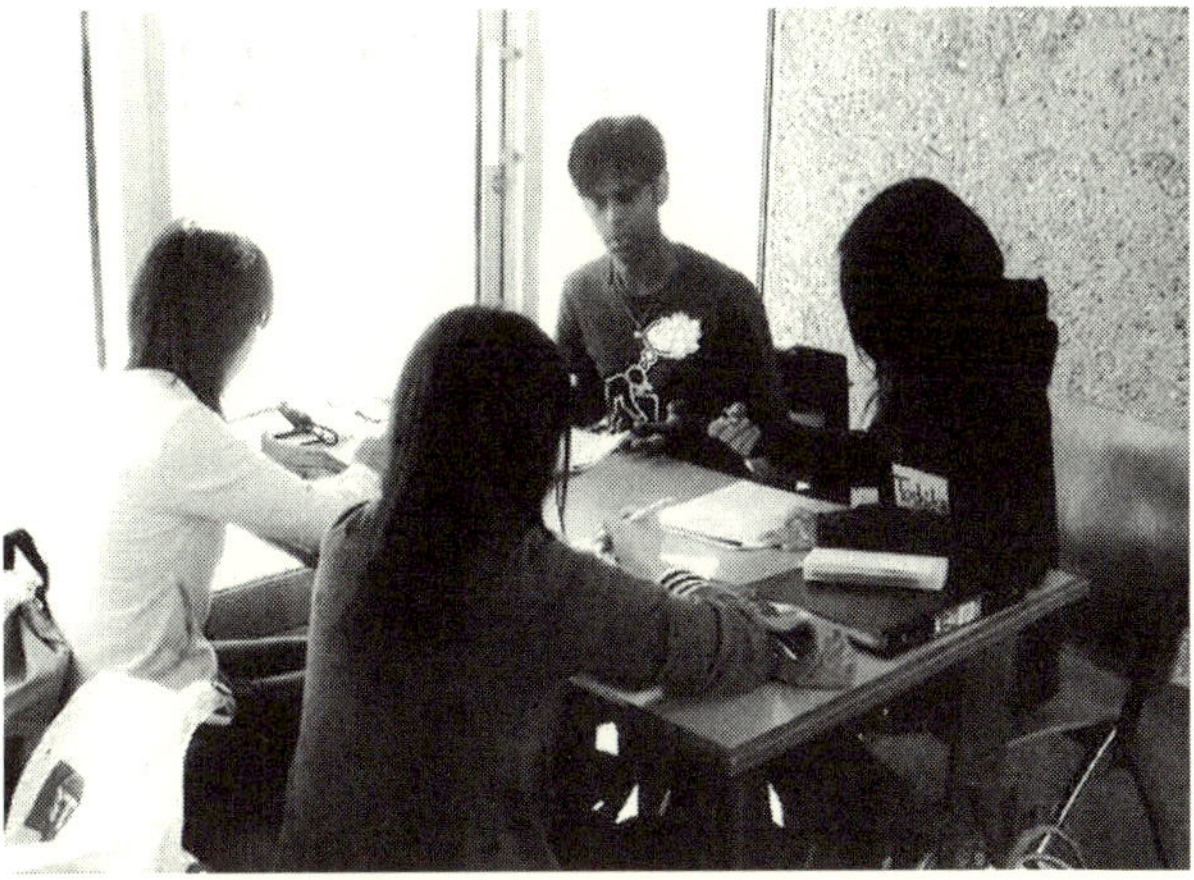

CPセッション

て下さった事を考えると、申し訳ない気持ちでいっぱいだった。

部屋に戻ってから、又荷造りをし、送る手筈を整える。その後夕食。外は、明日のスクールホリデーの準備で、こちらの学生たちの煩い事。うちの学生だったら注意出来るけれど、そうはいかず…。今晩は眠れそうもない。

九月七日（木）

昨日の韓国学生たちへの大学案内は、期待以上に良くやってくれたようで、韓国側から大いに喜ばれ、またもう一度という話を頂いた。

朝からCPセッションで、その様子をビデオに撮っていたら、メモリースティックがないという表示が出た。午後から担当の先生方と博物館へ行くのに、撮れなかったらだめだと思い、急いでダウンタウンへ。

しかし「ここにはない」と言われ、売っている場所を尋ねると、ダウンタウンとは反対側にあるとか。兎に角行って買わなければと思い、急いで行く。しかし遠い!!!数人の方に尋ねるが、全く埒が明かない。善良そうな老人の方に尋ねたら、お店の前まで連れて行って下さった。本当に嬉しく思った。

この店では、一ギガの高価な品しかなく、でもこれが、この店では一番安いと言われたので、仕方なく購入する。一二〇ドル程だった。高っ！　それを買って、また歩いてダウンタウンのバス停まで辿りついた時は、足が痛くて辛かった。

大学に戻って、またすぐにESLの玄関へ。サンティ（クラス担当者）と共にバスでサスカチュワン王立博物館へ出掛ける。この博物館は、レジャイナ市内の南に広が

サスカチュワン王立博物館

る人工湖のワスカナ湖を中心とした広大な緑地公園の中にある。
　博物館には、レジャイナを中心としたサスカチュワンの自然史を、地質や生態系まで知ることができるし、また先住民族の生活も解りやすく展示されている。その他に近年、付近で発掘された、世界でも完全体に近いティラノザウルスの化石など、恐竜関係の展示もあって、関心のある人にとってはなかなか興味深いと思う。しかし私は、どうも骨などを見るのが苦手なので、チラッと見ながら通り過ぎて終り。学生たちは二時間ほど見学した後、湖の方へ行って楽しそうに写真を撮ったりして、その後、解散。

部屋に帰って、久し振りにワインを飲む。余り美味しくなかった。安いのを買ったせいなのか？

朝、日本時間の本日付で掲載される新聞記事の件でドンドン亭（同級生が経営している居酒屋で、同級生の溜まり場）に電話。店に来ているかもしれない秋山君（同級生）にお礼をと思ったけれど、店にはいなかった。新聞記事に関しては、ワンベエ（ドンドン亭の経営者のニックネーム）から少し聞くことが出来た。自分の記事なのに、当人がカナダにいるから読めないなんて…。

夜、細ちゃん（同級生）から電話。何か送ってくれるというので、「もうすぐ帰国だからいいよ」、と言っておいたが…。

憧れの女性に招待され、感激

九月八日（金）

朝から韓国の学生たちとの交換授業を見る。皆楽しそうに、お互いを理解しようと努力しているようだったので、嬉しかった。「英語力は韓国の学生の方が上ですが、ノートルダム生は度胸と彼女たちの良い性格で成功させましたね」とペコさんから言われ、一応褒めて下さっているのだと理解した。レベル的には確かにうちの学生の方が下であるが、お行儀に関しては、うちの方が上だと自負している。しかしレベルは下でも、互角（見た目は）に対応しているので安心した。

その後、サウスモールへ行って、「英語圏文化論」の授業に使うＤＶＤを買う。そして自室に戻って、遅めのランチ。ペコさんから差し入れのご飯で、焼きめしをする。

食後は学生のジャーナルを呼んだり、原稿の準備を始めるが、なかなかうまくいかない。

六時四十五分に玄関へ。バイのお宅へお茶に呼ばれたからだ。きちんと整った、素敵なご自宅である。大学の購買部の責任者で忙しくしていらっしゃるのに、どうしてあのように家の中をきちんと出来るのだろう。コレクションのミニチュアの家々が点灯されていて、とても綺麗だった。バイは私の憧れの女性なので、招待されて本当に嬉しかった。

キャロットケーキが美味しかった!! 初めて来た年から、彼女にとても好感を持っていた。美人で理知的で私の憧れだった。購買部できびきびと仕事をしていらっしゃる彼女を見て、彼女のようになりたいなといつも思っていた。ペコさんから聞いたけれど、彼女はドイツ人で、お子さんを亡くされたとか。そのような悲しい経験もしていらっしゃるから、彼女の今の輝きがあるのだろう。

広大なカナダ

九月九日（土）

目覚ましなしで起きたのは、九時前だったかもしれない。ジョギングをしようと思ったけれどやめて、食事を済ませてダウンタウンの郵便局へ。それからファーマーズマーケットへ行くが、これといって欲しいものはない。買っても一人分では沢山すぎるもの。

十一時過ぎに部屋へ戻って原稿を書いたり、ベイで買って来たTシャツを畳んだりする。

軽く食事をし、少し仕事をして、十四時頃にペコさんと出掛ける。クァペレという街で、大きな湖があった。既に紅葉が始まっていて、メイプル（楓）の葉も徐々に緑ではなくなっていた。

大草原に立って遥か彼方を見たら、黒い雨雲が広がっていて、雨が降っているようだった。それでペコさんに「あちらの方から雨が降って来るみたいですね。帰りましょうか?」と言うと、「先生、大丈夫ですよ。あちらとこちらは、日本でいうと大阪と名古屋くらいの距離がありますから、大丈夫です。雨は降りません」と仰る。「へぇ〜、さすが〜、カナダは広い!」と実感。しかし日本で、大阪から名古屋を見渡せる?スケールが違う!!

その後、ブルースさんのゴルフ場で食事をした。ここのレストランの料理やビールはとても美味しい。食後は、カートに乗せて頂いて(これも楽しみの一つである)場内を回る。ウサギやガチョウ(勿論野生である)を、すぐそばで見ることが出来た。これも矢張り日本では見ることがないので、とても楽しかった。しかし日本で、こんなに楽しいゴルフ場ってあるのかな?

九月十日(日)

目覚ましを掛けていなかったが、いつも通り目が覚めた。朝食を済ませて外を見ると、風が止んでいたので、ジョギングに出掛けた。昨晩、雨が降ったようで、地面が濡れていた。風は止んだが、空気は冷たかった。

いつものコースと逆に走ろうかと思ったけれど、道に迷うといけないから、矢張りいつもの慣れたコースを走る。すると、今日はマラソン大会があって、たくさんのランナーが私と逆コースを走っているのに気付いた。最初に考えたように、いつもの逆を走っていたら、その大会に紛れ込む事になったのだと思うと、私の判断は間違っていなかった。

部屋に戻って「パリの家」をまとめたりして、自分の仕事をゆっくりする。そして三時頃から準備をはじめ、四時頃に着物を着終った。四時半にサイファリングさんが迎えに来て下さった。娘夫婦や娘の義父母、祖母等、すでに多くの方がおられた。たくさんのお料理とたくさんの知らない方々と話すことが出来て、楽しい一時であった。

彼らが帰った後、さらにサイファリングご夫妻、田中さん達と話し、九時過ぎに帰宅。その後、節ちゃんに電話をして、泰君の話題も含めて、今日の様子を詳しく話した。

研修の集大成

九月十一日（月）

最終週になると、各自の個人発表の準備、リハーサル、そしてこちらでの生活の疲れ等で、学生たちの悲壮感はピークに達する。化粧気もなく（この点に関してはカナダの学生と同化しているが）、髪は乱れ、目は血走っている。この様子を見ると可哀そうに思うが、心の中で「頑張れ！」とエールを送りながら、彼女らを見守っている。

まず九時から、水曜日の日本語クラスとの交換授業の準備。準備をしているものの、緊張感でいっぱいのようであったが、徐々に緊張も解けて来た。「関西弁、教えたろか?」という言葉も。日本語は厳禁なのに何処からか聞こえて来て、思わず苦笑してしまう。

その後はクラフトの授業で、私も参加した。カナダの特産である麦の茎を使って工芸品を作るのである。水に浸してしなやかになった麦の茎六本を、編んでいくのである。一見簡単に見えるが、実際にやってみると、力の加え方で微妙に網目が変化する。また力が強いと藁の茎の部分がちぎれてしまったり、力を入れなかったら、ボコボコした網目となってしまう。英語の聞き取りと器用さと根気の三拍子が揃って、それなりの作品が出来るように思う。

しかし三拍子が揃っていなくても、講師の方やCPに助けてもらって、全員が何とか完成させたのは言うまでもない。この麦の茎六本は、最終的にハートの形に仕上げるのであるが、これは健康と幸福、そして繁栄を意味するものらしい。

昼食時には、サイファリングさん宅にいるジェニファーを探し、昨日差し入れをして頂いたので、その時にお借りした容器を持って帰ってもらうように頼んだ。

部屋に戻って昼食。頭痛がするので、バッファリンを飲むが、その後三十分位眠っていたようである。

十六時少し前にESLの玄関へ。その後、レーザークエストへ。今回は、参加しないで、全てのグループが終るまで、外で待っていた。学生たちは、初めての経験だったので、皆楽しそうに遊技場から出て来た。しかし予定より少し遅く、十九時二十分になり、ホストの方々を待たせてしまった。ホント、申し訳なかった。それぞれのホストに迎えのお礼と、遅くなったお詫びを言った後、帰って頂いた。

昨晩は、館内で非常ベルが何度も鳴り響いたり、外が騒がしかったりで充分に眠れなかった。今晩は、ゆっくり眠りたい。頭痛は、睡眠不足だったのかもしれない。


夜、メアリンと電話で話す。

九月十二日（火）

学生たちの疲れは、此の頃になると、随分溜まっているように思う。朝の点呼の時に皆の表情をみていると、可哀そうになって来る。しかし、反面、これも経験だとも思ったり…。

九時に教室へ行くが、カーリーが来ていないので、「カナダの政治的変遷」が出来ず、急遽ペコさんが、言い回しについての印刷物を配布して下さっていた。

私はダウンタウンの郵便局へ行く。化粧水が欲しいけれど、こちらのは何でも大きいので、今買ったらとんでもない大きな物を持って帰国するハメになるので、諦める。

昼食後は再び「パリの家」を人物ごとにまとめるが、なかなかうまく進まない。そんな中、部屋の掃除の人達が来たので、外の木陰で「北へ」を読む。掃除が終ったと思った頃に部屋に戻り、再び「パリの家」に取り掛かる。

六時十五分にペコさんが玄関前に来て下さり、その後ゴルフへ。CPたちは既に来て待ってくれていた。それから食事。しかし、ニザンとアリは宗教上の問題で、アルコールは飲めないとのことである。久し振りに大きな肉を食べたが、半分でギブアップ。オーストラリアでドン（父の愛称）や明美と食べたTボーンステーキを思い出した。ＣＰには、食事以外に、小さな博多人形を各々お礼として渡した。皆とても喜んでお礼を言ってくれたけれど、こちらこそ学生たちがお世話になり、お礼を言わなければならないのはこちらなのだから。

九月十二日（水）

朝から頭痛。胃腸薬とバッファリンを飲む。

九時半から、スーパークラスの我が学生たちは、教育学部の日本語クラスへ。学生たちは皆緊張していたようだけれど、自己紹介からはじめて、徐々に緊張が解けて

教育学部の日本語クラス

いったようである。その後は、さらに全員が打ち解け始め、学生たちは和んだ表情に変わっていったように感じた。

十二時半から、今度はラッキークラスが日本語の初級クラスへ。午前中のクラスよりも少しレベルが低い様だけれど、お互いに少ない語彙を駆使しながらコミュニケーションを取り合っていた。その様子を見ながら、学生たちは、何を、どのように感じているのだろう、と思っていた。学生たちの様子を少し見ていたが、教室を抜け出し事務室へ。

その後、一時過ぎにパットが会いに来て下さった。たむらの事を気にしての事だと思ったが、その件には触れず、今回は今まで会えなかったからという事だった。三十分位この建物のカフェテリアでコーヒーを飲みながら話していた。

細ちゃんから手紙と荷物が届いた。わらびの里の佃煮、ごはん、そして羊羹だった。佃煮は、珍しいかなと思って、いつも良くして頂いているペコさんへのお礼。羊羹はメアリンとバイへ。ご飯は、素麺と共に、学生たちに優しくしてくれたニザンへ。作り方を書いて渡したけれど、大丈夫かな？

修了式の時に歌う歌や挨拶について、朝、ペコさんが学生たちに問われた。いつものように、ちずとあやが手を上げていた。その後、ペコさんのオフィスで式の話しが出て、私は反対である事を言った。なぜなら、いつも彼女たちが手を上げて前に出ているため、他の学生たちは、上級生までが遠慮して何も出来ず、何も言えない状態だからである。これは決して良い状態ではなく、どの学生にも同じようにチャンスを与えて終わりたいと思っている事を伝えた。

夕食を済ませて書き物をしていたら、メアリンから電話。「湖畔を歩くんだけれど、一緒にどう?」と誘って下さった。勿論快諾した。二十分後に玄関へ迎えに来て下さり、ワスカナセンターへ。そこからたくさんの人が、私たちと同じように歩いていた。その後、ゴールデンマイルへ。

コーヒーを飲みながら、色んな事を話して帰って来た。メアリンから、またまたラザニアの差し入れがあった。そして明日のランチか夕食をと誘って下さったが、ランチはバートランド先生と、夕食はペコさんとの約束があったので、お断りした。とても残念である。

個人発表の日がやって来た

九月十四日（木）

個人発表の日がとうとうやって来た。学生たちは皆ドキドキしながら来ているように感じたし、彼女たちの表情が違って見えた。朝の点呼の時に、終了式の服装について、簡単に説明した。以前のように、とんでもない服装で式に臨まれたら、こちらの大学に失礼だと思ったからである。そしてその後、教室へ行くように伝える。

教室では、ペコさんから今日と明日のスケジュールの説明を受けた後、学生たちは最後の練習。どの学生も、今回の研修の集大成の意味を知ってか知らずか、彼女たちなりに、頑張っていると思うと嬉しくなる。

前の教卓に立つと、緊張感は最高潮に達しているようである。今回は二十二名を二クラスに分けられていたが、一方のクラス（ラッキークラス）は和気靄々《あいあい》で、お互いに助け合い、励まし合っているように思え、これは一方のクラスに比べると素晴らしいと思えた（と言っても、英語力とは全く別の問題であるが）。その為か、このクラスにいると、何故か暖かい雰囲気が感じられる。またこのクラスは、一人が発表し終わると、何人かがさっと前に行って展示物を剥がし、次に発表する学生の展示物を貼っているので、流れが実にスムーズなのである。

もう片方のクラス（スーパークラス）はと言うと、英語レベルは上ではあるが、私が言ってようやく腰を上げるという、対照的に情けない状況なのである。展示物も一方のクラスほど多くはなく、色彩的にも単調である。

休憩が入った時に、このクラスを担当して下さっている先生が、一人の学生の名前を上げて仰った。「いつも大人しくて目立たないけれど、すごく偏差値が上がっているのよ。目立ちすぎる学生がいるので、大人しい学生は可哀そうよね」。確かにそうなのである。目立つ学生がいると、他の学生は引いてしまう傾向がある。修了式には、いつも引いて遠慮している学生を前に出してやりたい。

十一時三十分に、バートランド先生、ペコさんと共に「道」（日本料理店）へ。そこでランチをご馳走になる。バートランド先生は、最初に来た時にお会いしたが、このように食事をご一緒させて頂いたのは、今回が初めてである。ペコさんから色々伺っていて、ペコさん同様、アジア人であることで、能力や人間性で勝っていても大学内で差別され、苦労しておられるとか。その為か、人間的な魅力をたくさんお持ちである。食事の後は、また急いで教室へ直行。

全ての学生の発表と写真を撮ってやりたくて、教室を出たり入ったりでとても疲れた。けれど、学生たちは皆一生懸命で、よくやっていたと思う。個人的には、レベルが高いスーパークラスよりラッキークラスの方が展示物等も多く、変化に富んでいたように思った。それにスーパークラスの学生よりラッキークラスの学生の方が、発音もずっと良かったようにも思える。全ての学生の発表が終った後は、全員で記念写真を撮り、今日の大きなイベントは終了した。

その後、挨拶をしたいと言っている学生が原稿を見てくれと言いに来たが、明日の流れを見て、それに色んな学生にも機会を与えたいから待つようにと伝えた。自分としては、三回生に挨拶をさせたいが、英文科だけとはいかないし…。

五時四十五分にペコさんが玄関へ。中華料理をご馳走になる。メアリンとゆうこも一緒だった。久し振りの中華料理で美味しかった。中華は、やはり大勢で食べるのが醍醐味だと痛感する。

部屋に戻って荷物をまとめるが、ホント、事務所で箱を貰っておいて良かった。何でこんなに重くなっているのか、全く解らない。だって洗濯物は全て箱に詰めているにも係わらず…。あぁ、空港へ行くのが怖い。

九月十五日（金）

今日は朝から成績発表があった。今回は到着早々、ここ数年のレベルに比べると低いと指摘され、どうしたものかと思っていたが、行儀作法等のマナーから始まって徐々に良くなり、例年にない伸び率。成果を出してくれたようで、学生たちを大いに褒めてやりたい。

ポトラックパーティー

発表後、ペコさんはすぐに事務室へ行かれたが、私はそのまま一一五教室にいた。提出書類をすぐに書き終えた学生もいるので、飛行機内で書かせる書類もついでに書かせた。機内では狭いこともあるし、かなり疲れているだろうと思ったから。

その後、ＥＳＬのカリキュラム案内、バンクーバー滞在の件等、ペコさんの説明が続き、十一時のポトラックパーティーの時間になってしまった。確かシャペロンと旅行についての時間を持つと書いてあったはずなのに…。尋ねると、「シャペロンは殆ど何も話をされません」と言われたが、十二時十五分から一時までの時間に話す時間をもらった。

十一時からの韓国学生たちと合同のポトラックパーティーは、とてもたくさんの料理が並び、豪華なパーティーであった。担当して下さった先生は勿論の事、韓国側の引率の先生やレジャイナ大学の事務の方々も参加して下さって、なかなか和やかなパーティーであった。

その後、一時から二時までの間、講堂で歌等の練習をする。しかし、自分の大学の学歌なのに上手く歌えないし、ピアノもとても貧弱である。私が弾こうかとも思ったが、学生たちにやらせるべきだと思って黙って見ていた。途中、一時十五分にバイと約束をしていたが、これらの練習があるので、無理だと伝えに購買部へ行く。

その後部屋に戻って荷物をまとめるが、何故かスーツケースは満杯で嫌になる。途中、グレッグから電話があって、ジョン（グレッグの父）から預かっている物があるからと。しかし時間が合わなくて、また電話するとの事であった。その後また電話があり、グレッグからかと思ったら、田中さんからであった。これからそちらに行くかということだった。ESL玄関で久し振りに田中さんご夫妻とお会いする。二年ぶりに溜った話をして、笑いこける。

部屋に戻って暫くしてまた電話。メアリンからである。ピーチパイを焼いたから、終了式が終ったあとに電話をするようにという事だった。その後、今度はペコさんから電話。皆良い結果を出してくれたと知らされて、安堵する。部屋の片づけについて尋ねると、ペコさんの私物が殆どだという事なので、ひとまとめにしてペコさんに返すように準備する。しかし、予定を大幅に超えてしまった。

五時半頃から修了式出席の為、着物を着て準備を始める。三度目となると、姿見はなくても、襟もしゃんとした感じにならなくても、何とかなることが解って来た。しかし毎回のことながら、悪戦苦闘の末、何とか着ることが出来、部屋を出たのが、六時四十五分だった。

その後、式典。講堂は大きすぎるような気がした。後ろの方で、式の進展を見ていたが、学歌とピアノのお粗末さは、本当に恥ずかしかった。このような時は、私が出るべきだったのだろうかと再度思ってしまう。が、しかし、兎にも角にも終った。何が何だか分からないまま、来て下さったたくさんのホストの方々にお礼を言って、部屋に戻ったのが十時頃。そして再び荷造り。頂いた物は重い物ばかりなので、どうしたら良いのか途方に暮れる。それに何故かスーツケースは既に、かなり重いような気がする。どうすればいいのかと思案。しかし気が付いたら、午前二時を過ぎていたので横になる。まだ三時間は眠れるから。

CPやホストの気配りに感謝

九月十六日（土）

五時起床。顔を洗って化粧をし、服を着た後は、全てをスーツケースにしまい込む。

持って帰る箱は、梱包してテープでぐるぐる巻きにする。スーツケースを再度確認して鍵を閉めたら、六時十五分を過ぎていた。急いでメアリンのＢＣ（ブリティッシュコロンビア）のお土産と田中さんから頂いた草餅を食べて玄関へ。ペコさんは待っていて下さったのか、エレベーターを降りたら、すぐに入って来て下さった。

空港へ着いてまずチェックイン。矢張りスーツケースが重いからと三十五ドル取られた。ペコさんに伝えたら、おかしいという事であったが…。その後、パットとグレッグが会いに来て下さって、ジョンからという袋を手渡して下さった。

学生たちは、大きな荷物を引っ提げてホストファミリーと共に、次々とやって来た。早朝にも係わらず、小さな坊やも含め家族揃って、うちの学生たちの為にわざわざ来て下さっている。いつものことながら、何とお礼を言っていいのか解らなかった。

全ての学生がチェックインした後で、矢張り三十五ドルはおかしいと、ブルースが掛け合って下さったら、「三十五ドルを返します」と言って返してくれたそうだ。何がどうなっているのか私には全く解らなかったが、取り敢えず三十五ドルは戻って来た。

山口大学の時と違って今回は、ＣＰも一人を除いて全員見送りに来てくれていたそうで、彼らに対しても本当に有難く思った。現地の大学関係者によると、ＣＰの見送りは義務付けているのではなく、自主的だそうである。それを思うと、本当に彼らの行為には心からの感謝以外にない。

空港二階では、学生たち全員はホストやＣＰ、大学関係者の方々との涙、涙の別れで、誰一人としてボディーチェックを受けて、ゲートに入ろうとはしない。毎回繰り返されるシーンであるが…。

そして漸く入ったと思ったら、化粧品を没収されて泣き出す学生や、持病の薬を没収されて困っている学生がいた。化粧品に関しては仕方がないので諦めるように納得させ、持病の薬に関しては、事情を言って返して貰うように係員に懸け合った。しかしこの件も、米国のテロの影響で、ボディーチェックや機内持ち込みはまだまだ厳しいから、全てスーツケースに入れておくようにと、前日にわざわざ時間を取って十分に説明していたのに…。しかし飛行機に乗り込む頃には、その彼女たち全員の涙は消えていて、何事もなかったように落ち着きを取り戻していた。

バンクーバーの空港で、搭乗口はD５１と知らされた。しかし工事をしていてよく解らず戸惑ってしまったが何とか辿りつき、時計をバンクーバー時間に合わせて確認させる。そして時刻を再度合わせるように伝えた後、D５１搭乗口と集合時間を学生たちに何度も確認させた後、解散。

十時五十分搭乗時間ギリギリまで、学生たちは買います、買います。そしてギリギリに全員揃って飛行機に乗り込む。彼女たちはお腹を空かしていたのと朝が早かったこともあって、食事が済むとあちこちで眠り始めた。

機内では、二時間ごとに学生たちの席を見回るが、「戦い済んで」の如く、皆ぐっすりと眠りこけていた。この後日本に到着して、家族のもとに彼女たちを無事に返せば、私の任務は終了である。

chapter 4

急遽
シャペロンを
引きうけて

（第４回研修）

出発前から当日まで

もうすぐ夏休みという頃に、決まっていた引率の先生の不慮の事故で、急遽引率を命じられたが、すぐに返事ができなかった。というのは、自分の夏の予定をまず全てキャンセルし、そして公私共に留守中のことを他人に頼めるかどうか等、返事をするまでにたくさんのことを整える必要があったからである。そして了承したものの、時間に追われる毎日で、出発前日でも、まだバタバタしながら荷物をまとめていた。

そんな出発前日には、早朝に父兄から電話があって、「未だにメールの返事が来ないけれど、それならうちの子は空港でどうなるのか、ひとりでホストの家へ行くのか?」という内容であった。このようなことは今まで何度か引率をしているけれど、初めてであった。しかも電話があった時は電話に出られなくて留守電だったが、その留守電に、「折り返し電話をしろ」という言葉が入っていたことにも驚いてしまった。

信じられない出来ごとが次々と……

また同じくその日に留学先のレジャイナ大学からメールが入り、ホストのお孫さんが亡くなったので、「数日間留守にするけれど、人に頼んであるから心配しないように学生に伝えてください」ということだった。このような予期しないことがあって、ハラハラするような出来事が、今回はすでに出発前から始まっていた。

当日は二時二十分空港に集合の後、諸注意、チェックイン、出国手続きなどを終えて無事機内へ。二時間ごとに学生たちの座席を回るが、毎回彼女たちはおとなしく、眠っている学生、ビデオを見ている学生がほとんどであった。たまに書類の書き方などを質問する学生がいたくらいである。

バンクーバーへは予定時間の四十分も早く到着した。そのために、レジャイナへの乗り換えは余裕であったが、とりあえず出発ゲートまで行った。そこに行くまで、またセキュリティがあったが、一人の学生が引っ掛かってなかなか戻ってこなかった。それで学生たちを通路の端に待たせておいて、セキュリティへ向かった。係員になぜかと尋ねても「わからない」と言いながら、その学生の食べ残したパンまでつぶさにチェックしていた。そして最後にチェックした化粧道具にそれがあった。はさみである。事前のオリエンテーションの注意事項でちゃんと指摘してあったはずなのに…。「関空では見つからへんかったのに」、というのがチェックを終えた後の彼女の言葉であった。「見つからなかったから良いというものではないでしょう?」と思わず言ってしまう。これも時間の余裕がなかったらどうなっていたのだろう、と思うとゾッとする。レジャイナへの出発ゲートを確認し、その後、レジャイナ大学に電話を入れる。

これまでの引率で、バンクーバーの国際線から国内線の乗り換えはいつも時間がなく、あの広い空港の端から端まで猛スピードで走っていたが、今回は全く違っていた。余裕で、ゆっくりと優雅(?)な気持ちで歩いて行くことができた。しかしその優雅な気持ちも先ほどの事件で、一度に現実に引き戻されたような気がする。

それどころか、早く到着しすぎて、ゲートで学生たちを二時間余り待たせなければならなくなり、自由時間を急遽取った。まず学生たちをゲートまで連れてゆき、ゲートを確認させてから、太平洋標準時に各自の時計を合わせ、確認させる。その後で集合時間を伝え、再度確認させてから解散した。

一時五分の集合までに、すでに大部分の学生たちが戻って来ていた。その後搭乗となり、学生たちを先に機内へ向かわせているところへ携帯電話が鳴った。何事かと思い電話を取ると、参加者の母親からで、「先ほど娘と電話で話した時に、バンクーバーで乗り換えていると言っているけれど、レジャイナまで直通じゃなかったのか？」という内容のものであった。緊急連絡ではなかったという安堵感と、なぜそのような内容の電話を、しかも搭乗寸前に電話をしてくるのかと思うと、その親の思慮のなさは、暗雲が垂れ込んだように思え不愉快だった。

レジャイナには定刻に到着し、ホストファミリーの方々が待って下さっていた。彼らの歓迎を目の当たりにして、学生たちの不安は一挙に嬉しさに変わっていったのが解った。全ての学生がホストの方々と帰宅したのを見届けてから空港を後にし、宿舎に向かう途中、携帯がなった。何があったのだろう、そう思って出ると、空港で電話をかけてきた同じ母親であった。

「カナダの大使館、領事館に電話をしたけれど繋がらないのはどうしてか?」という電話であった。これに始まり、「娘はホストの家から電話をしてきたけれど、声が沈んでいたようなので、何かあったのではないか?」、また「暗くなっていると娘は言っているけれど、なぜ暗いのか?」(日本とは昼と夜が反対ということを理解しておられないようである)、そしてホストと言いながら、「娘はどんなホテルに泊っているのか?」等々。現地だけでなく、大学の国際教育課まで同じような内容の電話があったとかで、「落ち着いて仕事が出来ないから、そちらで何とかしろ」とのお叱りを受けた。

学生に電話をしてその旨を話し、母親が心配しないように電話で十分に説明することを促した。しかし、である。それでも日本の大学関係者の自宅に、しかも深夜に「これからホストに電話をしたいから電話番号を知らせろ」と電話をしたり、夜中の二時過ぎに私の携帯に電話をしてきたり…。私はバンクーバーの電話以来、ノイローゼになりそうである。

八月二十二日（金）

初日である。早々にテストがあり、その後、滞在中の様々な注意点、留意点を聞き、昼頃になって、次はスピーキングテストが一人ずつ行われた。新しい環境での緊張がまだほぐれない上にテストが長時間であることも手伝って、部屋に戻ってくる学生はクタクタになっていて、可哀そうに思えた。しかし例年通り、事前テストが行われた。テストは一人を除いて、全ての学生はコミュニケーションなどとても出来ないという散々な試験結果が出て、私はとても憂鬱な気持ちになってしまった。その上、当の学生たちはというと、「イエス」、「ノー」もはっきり言わず、何をして貰ってもお礼も言えず、せめてこの程度はやってよ、という思いで、学生たちに勉学やマナーに関する姿勢を強く説いた。

ホストファミリーの問題が、早速出る。ジョイスさんの家に男の子がいて、その男の子がいるから怖いと学生がいうのだ。ペコさんがその男の子のことを調べてくださったが、その男の子はともかく、その他に長期留学生で高校生の男の子がやってくることになっているらしい。男の子が厭だからホストを変えろ、とペコさんに言うが、「だってね、世の中は、男性と女性で成り立っているのよ、男の子が怖いと言っていたら、これから大変ですよ」とペコさん。それでも本人は変えてほしいというらしく、「探します」と言って下さった。早々から申し訳ない！

ペコさんが教室から出られたあと、その学生が私のところにやってきて言う。「私が家を変わることで、ジョイスさん、気を悪くされませんか？」「彼女の気持ちより、あなたは自分の気持ちを優先したから、変わりたいと言ったのでしょ？　それなら、今更そのようなことを尋ねるなんておかしくない？」と私は言う。

その後、二時前後から二組に分かれて、大学内を現地学生に案内してもらう。広い学内をあっちへ行ったり、こっちへ来たり。その上、慣れない英語を緊張して聞いていることもあって、与えられた印刷物のどこに何を書けばいいのかさえ分からない学生もいて、歯痒い思いをした。

その後、全員でまた現地大学からの諸注意、心構えなどを聞いた。そして四時半にホストのお迎えがあり、全員帰宅したことを見届けて自室へ。

今日の学生たちの試験の結果はすこぶる悪く、教材を点検し直し、もっと易しいものに変えますと言われた。また明日、明後日と休日で、その間、ホスト達と過ごしながら英語に親しむことで、緊張感も少し解れる学生もいると思うので、もう一度月曜日にテストをして様子をみたいということだった。

そしてそれに対して「そうして頂ければ」と、答えるしか術がない自分がいるのである。

お国の衣装でダンスや歌を披露

夕方六時半に宿舎の前からペコさん、ブルースさん、メアリンと共に留学生の卒業式会場へ。中央のテーブルに着かせていただいて、主だった方を紹介された。ESLの長という方にもご挨拶をしたが、なぜかあまり好感を持てなかった。「来てるの？あっそ！」というような表情だったので、挨拶しなければよかったと思った。

その後、ディナーや余興があり、特にサウジアラビアからたくさんの留学生が来ていて、自国の衣装を着てダンスや歌を歌ってとても賑やかであった。そして、我が大学の卒業生が挨拶に来てくれて、ボーイフレンドも紹介してくれた。学生時代はどちらかというと引っ込み思案というか、活気がないというか、とにかくそういう感じであったが、今では生き生きして、大学在学中よりキリッと締まった表情になっていたことと、その表情に明るさと美しさが加わっていたので、とても美人に思えた。彼女にこの大学を薦めたのは自分だったので、これに関しては間違っていなかったと思い、嬉しく思った。

いろんな事が一度にありすぎて心身共に疲れていたけれど、出席してよかったと心から思った。皆、ディナーでお腹一杯になったと言いながら、会場を後にする。部屋に帰って風呂に入り、早々に眠る。

八月二十二日（土）

土曜日でゆっくりしたいと思うが、どうも夜が眠れなくて、殆ど眠らないまま朝を迎える。仕事をしようと思うが、そうすると眠くなり、眠ろうとすると眠れない。どういうこと？

そんな訳で、ダウンタウンへ行く。バスが来たから乗ったのに、大学を回り始めたので運転手さんに訪ねたら、違うバスに乗ったようだった。ようやくダウンタウンへ行くバスに乗ることが出来てやれやれ。

土曜日はひょっとしてファーマーズマーケットだったかなと思ったら、やはりそうだった。一通り見て歩き、見覚えのある顔もあって嬉しく思った。黄色のトマト、紫のトマト、玉ねぎを買った。果物も欲しかったけれど、野菜ばかりだったので諦めた。

その後、コーンウォールへ行き、まずベイへ。オリンピックの商品が並んでいたが、なぜか中国的なデザインなので、カナダ的なデザインをと思っていた私は見る気がしなかった。寒いので、暖かそうなスウェットのようなものと思うが、なし。シアーズもその他の店も同じような感じだった。

着物姿の写真で盛り上がり

大学の自宅に戻って、ペコさんからの差し入れの食事をする。漸くマイクロウェーブの使い方が分かった。私は、そんなに機械音痴だったかな?と思うくらい分からなかった。

六時四十五分にブルースさんの運転で、ペコさんとともに、メアリン宅へ。妹さんご夫婦とお母様が出迎えて下さった。皆さん、着物を見たことがなかったようで、とても珍しがられたが、とにかくまず夕食であった。肉、マシュトポテト、ソーメン南瓜と茸のチーズ掛け、ビーンズ等々、そしてやわらかいクリームを冠したケーキなど。妹やお母様がいらっしゃるとはいえ、メアリンは忙しいのによくやるなあと感心する。

その後、お母様は、私がメアリンにと持っていった浴衣と帯を締めて、写真撮影をされる。嬉しくて仕方がない様子であった。着物姿の二人で撮ろうと前から横から、そして後ろから、妹さんとメアリンはそれぞれ写真を撮って大いに盛り上がっていた。

その後、お母様へのお土産として持って行った足袋型のソックスを、これまた履いたり脱いだり手に取り上げて眺めたり…。とても珍しかったのだと思う。

メアリンにディナーの残りを詰めてもらって、部屋にもどった。明日のスケジュールは何もないと思うと、どっと疲れが吹き出した。

八月二十四日（日）

日曜日である。よほど疲れていたのか、久しぶりに眠れたような気がする。お昼頃まで、だらだらとしていたが、仕事をしなければと机に向かう。

その後、湖畔をジョギングしようと思い立ち、出かける。あたりの様子は全く変わっていなくて、二年前と同じであった。ただ大きく違っていたことは、私が老化しているということであった。走り始めた時は辛く感じたが、走り続けるとあまり苦にならなくなった。ただ腰が痛いので、薬は持って来ているが、走って大丈夫かと不安だった。しかし意外と大丈夫だったので、これは大きな自信になった。

夕食はメアリンのディナーをと思ったが、ペコさんの差し入れのごはんにする。

大きすぎるカナダの蚊

八月二十五日（月）
学生たちは、ホストたちと週末をどのように過ごしたか、その結果が現れる月曜日である。ひとりずつ、表情を見ながら出席をとる。体調は万全かどうか、困ったことはないか、そして蚊が発生しているので、刺されないように気をつけることなどを伝える。なにせ、カナダの蚊は大きすぎる！
ペコさんから、レベルが大変低く、日常生活も不自由だと思える学生もいるので、メアリンは今日、もう一度テストをして下さるらしい。しかし、それでもだめな場合は、特別に指導者をつけると言われた。そして昼休みに詳しく学生に説明するから、十二時にもう一度教室に来るようにとも言われた。またそれと同時に、ジョイスさんの家に男の子がいるから厭だと言っていた学生に、新しいホストが見つかったので、今日の夜から移らせると言われた。

十二時に教室に行くと、ペコさんはすでに来ておられた。すぐに全員が一つの教室に集まって、試験の結果とこれからの学習の留意点、ホストとの家庭生活での留意点などの話が始まったが、人数が足りないことに気が付く。おかしいなと思いながら、何度も廊下を見渡してみるが帰って来ない。漸く二人がふらふらと帰ってくるのが見えたので、「何をしているの！　早く教室に入りなさい！」と注意する。

これで二人が戻って来た。しかしあと三人足りない。いったい誰だと思いながら、待つが一向に現れない。ペコさんの話が終わって漸くしてから、ゆっくりと三人が現れた。やはり心理の三回生三人組である。またこの学生たちかと思ったことと、下級生の手前もあるのにそのことも考えず、何をしているのかと思うと腹が立ってきた。注意すると、それも聞こうとせずに教室に入ろうとしたので、「動くな！」とまた叫んだ。するとナント、「謝るんです」とのたまう。これで更に私は切れた。

こんなことがあったので、ＣＰとのダウンタウンツアーは欠席し、カリカリしながら部屋に戻ってきた。その後、我が大学へ電話をして、ホストファミリーの変更を伝えると共に、例の学生の母親からその後、電話がないかどうかを確かめた。それはなくなったらしいが、違う学生の父親から電話があって、「着いたら電話すると娘は言っていたのに、未だに電話がないのはどうしてか？」という電話が入っているので、電話するようにということであった。

電話を切ってすぐにその学生のホスト宅へ電話をして、その旨を伝える。カードを買ったものの、電話の仕方が分からなかったようだ。

毎日、ほんとうにガタガタして、自分の仕事が全くできないし、夜も眠れない。その上、寒い。

サスカチュワンホテルからコーンウォールを見る

八月二十六日（火）

朝の集合時に、昨日我が国際教育課から言われたこと——こちらに無事着いたと家族に電話で知らせること——を伝える。始終電話をするのも親離れ、子離れをしていないようなので特別なことがない限り電話の必要はないと思うけれど、無事に着いたから安心してという電話は必要だということを学生たちに伝える。

その後、昨日のダウンタウンツアーを欠席したため、写真を撮れなかったのでダウンタウンへ。風が強くて、おまけに雨までポロポロしてきたので、どうなるかなと思ったが、少しの時間で終了。十五番通り側から撮るのもいいかと思い、その通りからビクトリア公園やコーンウォールなどを撮った。途中、前回メアリンに連れてもらったお店を探したが、見つけられなくてがっかりした。サスカチュワンホテルの正面玄関前からコーンウォールやその他の建物、そして横にある教会等を撮る。風が強くて寒かったので、早々に引き揚げる。部屋に入るや否やペコさんから電話。バンクーバーでの出来事以後、電話が鳴る度に、びくっとする。「留守電が入らないから、それをレジデンスオフィスに伝えるように」ということであった。即、オフィスに行って、その旨を伝える。

夜、また電話。メアリンからである。明日、夕食を一緒にと誘ってくださった。彼女は毎日、うちの出来の良い（?）学生たちの授業で忙しいのに、私にまでほんとうによくして下さって、感謝、感謝である。

八月二十七日（水）

朝、二人の学生から電話。授業は間に合うけれど、その前の集合には間に合わないという。ジョイスさんの家から移った学生（喘息の薬のことで、国際教育課の事務職員を不快にした母親の娘でもある）と、離日する前日に我が家へ電話を掛けてきて、留守電に「電話をしろ」と言ってきた母親の娘である。

構わず始めようと思っていたら、ちゃんと間に合って来ていた。ジョイスさんやアンドレを例に出して、英語を媒介にしてホストの人間性も大いに学び、英語だけでなく自分の内的成長にも努めて欲しいと言った後、教室に送り出した。

その後、ダウンタウンの郵便局へ。ファーマーズマーケットで例の紫トマトと「わんべえ」（友人のニックネーム）のプレートを買い、バス券や文具などを購買部で買った。その後、部屋に戻るとまたペコさんから電話。例の心理の三人組が四日間も外泊をしたいと言ってきたが、私は許さないとの事。そのことも含めて今日三時から話すので、教室へ来るようにということであった。

そこで最終週の個人発表（プレゼンテーション）について詳しい説明があったが、今までなら、このような説明がなくても学生たちは出来ていたのに。そう思うと、学生たちのレベルが如何に落ちているかがよく解る。ここまで落ちたか‼というのが、実感である。サウジアラビアの留学生のことを、笑ってなどいられないと思った。

部屋に戻ってから、少し時間があるので仕事をしようと思い、パソコンを起動させたが、今まで書き込んだものが全て消えていることに気が付き、パニックになってしまった。情けなくなったけれど、メアリンには悲しい素振りは見せられないので、辛かった。

七時前にメアリンが迎えに来て下さった。彼女の家に行くと思っていたが、ホテルのレストラン「メモリーズ」であった。鴨とクレープのメインディッシュは初めてで、美味しかった。京料理にある鴨はどうしても食べられないけれど、これはとても美味であった。

メアリンとは、学生のことや家のこと、姉妹や旅行のことなど、いろんなことを話せて楽しかった。そしてパソコンのことも話した。今日気が付いてよかった、昨日や明日だったらもっとめげていたと思う。なぜなら、きょうはメアリンとこうして話せたから、と彼女に言った。これは私の偽らざる本心なのである。

八月二十八日（木）

昨日の心理学科の学生のこともあったので、朝の集合時に英語の熟達について話す。良くできるのではなく、どれだけ英語力を伸ばせるか、または伸ばしたかがこちらでの結果であることと、自分たちの目的は何かということなどを伝える。一人、風邪気味だという学生がいたので、暖かくする方法を伝える。

その後、メアリンに挨拶をと思い教室へ。彼女はケーキとＣＤを渡してくれた。元気を出すようにということなのだろう。嬉しく思った。その後、ニコル先生に会って少し話す。今週はとても長く感じると言われたが、ほんとうにそうである。仰る通り!!

部屋に戻って留守番電話の消去をして貰うために、事務室へ。これで出来たと渡してくれたので戻ってセットするが、赤いランプ（未消去という意味）は消えていなかった。これで本当に消えているのかしら？　ついでに部屋の鍵となっている磁気カードも磁気を強くしてと言ってそのようにして貰ったはずなのに、帰りのエレベーターで何度試しても赤ランプだった。厭になる。

朝食をすませていなかったので、牛乳とネクタリンを剥いて食べたが、昨晩の睡眠不足の為か、あまり美味しいとは思わなかった。

牛乳がなくなったので、レイクショアモールへ行く。牛乳とジュースだけなのに、すごく重かった。帰りは湖畔に沿って歩いて帰って来た。鴨が静かに水面を泳いでいるのを見るのは、なんと心が落ち着くのだろう。

昼食にはまだ早いと思って、パソコンに向かう。一時前にメアリンから電話があって、「音楽についての授業をするから、何時でもいいから来て」、と仰る。時計を見ると十分ほど前だったので慌てて支度をし、出かける。

教室に行くと、合同で授業をしておられた。プリントが配られていて、その説明をしておられるが、その意味さえ分からない学生が数名いる。けれども私は口出しできず、イライラする。歌が流れ、その歌の意味が分からない場合は単語をチェックしなさいと説明されても、その意味が理解できず、行動に移せない学生もいる。横で見ていて、歯痒いことといったら…。それにメアリンはともかく、ニコル先生が私に気を使っていらっしゃるようだったので、引き揚げる。

部屋に戻ったら、ペコさんから電話があり、心理の学生と英文科の学生二人について話す。これ以上レベルを下げたくないので、宜しくということだったので承諾する。その後、またパソコンに向かう。眠っていないので、すぐに目を閉じてしまう。けれども一刻も早く遅れを取り戻したい！

八月二十九日（金）

朝、いつも遅れますと電話してくるのはまい。そして点呼を始める頃に来るのが、のりこ。どうやら、このパターンが決まってきたようである。

昨日、ペコさんから言われたＣＰの熱意（motivation）について、自分と立場を置き換えた場合、どうするかを話した。また昨日、私が教室へ行った理由と、その時に感じたことを話した。日本語厳禁のはずなのに、上級生が率先して日本語を話していることは、自分で自分の首を絞めていること、そして相手に日本語で話すのは、相手の足を引っ張っていることと同じであることなどを話す。聞いていたように思うけれど、昨日のこともあるので、どれだけ頭に入っているのか疑わしい限りである。

部屋に戻って遅れている仕事をする。昼前に外がうるさいと思って覗いてみたら、やはり我が学生たちであった。ＬＬ教室で授業をするのだろう、メアリンも一緒だった。正午頃、彼らは同じようにうるさく教室へ帰って行った。

その後昼食をと思ってキッチンへ出た途端に、またもや寝室がロックアウト。気をつけていたつもりなのに…。すぐに扉を開けて、係りの人が来るのを待っていたら、今朝、階下で会った係員がワゴンを押して来られたので、訳を云って開けてもらおうとした。しかし彼は北館の鍵しか持っていなかったので、やはり事務室へ行かないとだめだと言って、事務室まで付いて来て下さった。そこでカードと鍵を借りて引き返し、部屋を開けてから、借りた鍵とカードをまた返却に行った。途中、階下で親切な彼に会ったので、金平糖をお礼に渡した。

三時前にペコさんから電話があり、今日は秋季クラスの修了式があるので見学に来るように、ということで了承した。二年前、修了式があった会場である。同じようなことを、今回我が大学の修了式でもするそうなので、その予備知識の為らしい。

六時四十五分に部屋を出て会場へ。めぐみが私を見つけてやって来て、ペコさんからだと言って葡萄を渡してくれた。その後パットが声を掛けてくれた。「来週水曜日と言っていたけれど、日曜日に誕生パーティーをするから来るように」と言ってくれた。彼女とグレッグはなぜかいつも私に良くしてくれる。それから待つこと四十五分。途中ペコさんが来られて、例のサウジアラビア人がまだ来ないからと説明して下さった。そして、ようやく七時半頃から始まった。

進行は毎年同じようであったが、後の余興は目新しいものであった。英語の歌やダンス、そして劇で、学生たちとCPとが一緒に楽しそうにしている。しかしよく見ていると、CPたちはハラハラ、ドキドキしながら学生たちを引っ張っていることが判る。うちの学生だと、もっと大変なのではと思うと、またひとつ心配が増えてしまった。

九時半少し前に終った。寒かったので、直ぐに部屋に戻ってお風呂へ。温まったら少しほっとした。

エレン夫妻と再会

八月三十日（土）

一昨日くらいから、まともに眠れるようになった。眠りは浅いようであるが夜中に一度も目が覚めず、今朝は七時頃に目覚めた。それから朝食を取ってまたうつらうつらして、十時前頃から準備を始めた。途中、メアリンから電話があって、「今日はどうするのか」と尋ねて下さった。それで「今日はエレン夫妻に会う予定だ」と伝える。彼女はいつも良くしてくれるので、本当に、感謝、感謝である。

初めてお会いする方（ペコさんは、知っているはずと仰るのであるが…）に待たせては悪いと思って、十一時十分前にＥＳＬオフィスの前へ行った。そして十一時過ぎに、見たことのある女性が来られたので、すぐに分かった。やはりお会いしたことがある方であった。

大きなスーパーでブルーベリーなどを買った後、以前に住んでおられた家を見せて頂いた後、一号線をクァペラに向かって走り、色んな話をした。最初は少し不安だったが、徐々にその気持ちも薄れてきた。前回ペコさんとブルースで行った町だった。

ランチの後、家の中を案内して下さった。中国のテーブル、アフリカの置物やシマウマの毛皮（ご主人が射止めたとか）など、立派な調度品がたくさんあった。その後、三人で湖の周りをドライブした。途中ご主人の姉妹の家から湖を見せて頂き、町をぐるっと回って御自宅へ。それからご主人と、自転車でご夫妻の朝の散歩コースを回った。土や草、木々の匂いが心地よかった。

その後、部屋でエレンと教育や授業のことを話した。彼女たちはアフリカで七、八年英語を教えていらしたようで、それでアフリカの調度品が多いことが分かった。四時頃にお暇して、五時過ぎに部屋に戻った。きょうはとてもいい天気だったので、上着の必要がなかった。やはり私は晴れ女である。

夜七時前頃に携帯が鳴る。またバンクーバーから電話し続けている親からである。「今、ホストファミリーへ電話して、『おはよう』と言い、『娘と話したい』と言ったら、『ノー』と言われたが、この意味はどういう意味か」、という電話であった。「ノーということば一言で、どういう意味かと尋ねられても分からないし、それにこちらは、朝ではないのです。お母さん、時差があるのは、ご存じでしょう？」と私。そして「ノーというのは、今日は土曜日なので、外出していて家にいないという意味かもしれない」とも言うと、「ノーはそういう意味なのか」と仰る。「いいえ、ノーという言葉の前後に何か仰ったと思うので、ノーだけで私は判断できないけれど、そうかなと思って言っているのです」と言う。すると今度は「父親にはメールしているけれど私にはしないし、『しているのか』と尋ねると『していない』というし、それをはっきりしたい」と、訳のわからないことを言われた。

その上「この頃電話が掛かって来ない」とか言い出したので、「お母様が心配されないように電話を入れるようにと、これまでにお嬢さんに何度も伝えましたので、していると思っていました。していないようでしたら、また言っておきます。それにもし何か緊急のことがありましたら電話を致します。電話がないのは、無事に過ごしていることだと思ってください。便りがないのは良い便りといいますでしょう？」と言ったら、「もう吉野さんには、電話しません」だって。頭に来た！

その後、すぐにホストファミリーに電話をした。本人がいたので確認したが、またまた、母親と違うことを言う。「毎日電話をしている」と言うし、「携帯電話をもっている」というし…。訳が分からない。来週はキャンプもあって、たぶん其の場所はこのあたり以上に電波状態がよくないだろうから、そのことも含めて母親には充分伝えておくように言った。あぁ、ノイローゼになりそう!!

八月二十一日（日）

朝は定刻に目覚めたが、その後うつらうつらして九時過ぎに朝食。その後は机に向かう。

三時頃にパットから電話があって、その後、五時頃にグレッグが迎えに来てくださった。ご自宅に伺うと、先日、卒業式で挨拶をした男子学生（確か、浴衣を着ていたように思った）がいて、関東出身らしいが、その彼がいろんなことを話してくれた。うちの学生も、この彼くらいとまではいかなくても、そこそこ話せることが出来ればいいのにと思った。

ジョンと奥さん（グレッグの母親）や、パットの友達エレンご夫妻も来ておられた。グレッグのお母さんは八十二歳ということであるが、とてもしっかりしておられて、パットに「どんなパンを食べてるの？」とか尋ねておられた。パットは大きな体をしているが、細くて小さなお母さんより小さくなっているようで、少しかわいそうな気がした。洋の東西を問わず、嫁姑の関係は難しいようである。

九時過ぎにグレッグに送ってもらったが、その時グレッグは五十九歳だということが分かった。私とあまりかわらない年代なのに、彼はすごくしっかりしているし、その奥さんのパットもすごくしっかりとした女性だと思う。だって私は、留学生四人も五人ものお世話なんてとても出来ないもの。

部屋に戻ってから、本学へ電話をする。夜な夜な時差を考えずに電話をしてくる親と、その娘の出来の悪さ、その他数名、出来の悪い学生のこと、そしてキャンプに出かけている間は、たぶん連絡がつかないかもしれないことなどを伝えた。

九月一日（月）

カナダの勤労感謝の日

六時に私の携帯が鳴った。細ちゃんからで、何か送ってくれたらしい。楽しみである。金曜日にキャンプへ行くが、それまでに届けばいいけれど無理かな？

十一時前にメアリンから電話があり、お昼を食べて、買い物に行こうと誘って下さった。十二時に迎えに来ると言われた。

十二時過ぎに宿舎玄関に迎えに来て下さって、メアリンの好きな本屋さんに連れてもらった。エリオットの本があったので少し大きな本だったが買った。教員の場合、ここでは割引をしてくれるらしく、メアリンのお蔭で二割引いた値段で買うことができた。

その後、アールで昼食。メアリンは、いつも美味しいレストランへ連れて行ってくれるので嬉しい。きょうは私が払うからと言って支払いを済ませ、その後、サウスランドモールのチャプターへ。ここでは、メアリンに学生の為に良い文法の本を紹介してもらったので、それを買った。その後、モールでメアリンの好きな画家のカードなどを紹介して貰って、それを買ってからゴールデンマイルへ。ここはあまり店が開いていなかったので、少し見てから、最初に入ったメアリンの好きな本やさんの隣の店でコーヒーを飲んだ。このコーヒーは、コーヒーのようなココアのような、そして又カフェオーレのようなコーヒーで美味しかった。雨が降っていて、その上寒かったので、体も温まってとても嬉しかった。

それから、また宿舎まで送ってもらい部屋に戻ったが、メアリンは明日の準備をすると言っていた。忙しいのに私に付き合って下さって、ほんとうに申し訳ないと思う。ランチでお腹が一杯になったので、夕食は必要ないように思う。それくらいたくさん食べてしまった。

九月二日（火）

早朝に日本からメール。四回生のちずから。参考文献は日本語でしているがどうか、という質問。日本語の文献は翻訳をする必要があることを返信すると、英語の文献を探しに大学へ行くとのこと。そりゃそうだろう。英文科生だ！

カーテンを開けると寒そう、しかも雨が降っている。今まで何度も来ているけれど、こんなに寒くて、しかも雨が降るなんて初めてである。昨日メアリンが、熱いのより寒いほうがいいけれど、少し寒すぎると言っているくらいだから、やはり寒いのだろう。四十五分に点呼。全員来ていた。

これからは帰国まで休みがなく、時間との闘いになりそうだ。その上、プレゼンテーションがあったり、キャンプがあったりで忙しいこと。ＣＰは自分の学習に助言をしてくれる人であり、手伝ってくれる人では決してない。また彼らにだけでなく、誰かに何かを頼む時は〝Excuse me〟を付ける事や、何かをして貰ったら〝Thank you〟を付ける事。こんなことは基本的な礼儀であるが、それすらできずに国際人にはなれないことなど、朝から言いたくはないが敢えて伝える。

その後、教室に行かせるが、ひとりの学生がカメラを失くしたとやってきた。尋ねてみるが、たぶん出てこないと言うと、一応納得していた。

部屋に戻る前にオフィスへ行き、ペコさんとバートランド先生について尋ねるが二人共留守であった。自室に戻るとき、彼らしい人が部屋に入って行くのが見えたので、再度オフィスへ引き返した。そして挨拶をしてお土産を渡す。「大学からか」と尋ねられたが、「いいえ、大学はこんなことしてくれません」というと、笑っておられた。

その後、ペコさんの部屋へ行き、学生が訪ねていたバスやキャンプの件、失くしたというカメラの事などを尋ねた。それから色んなことを話した後、購買部へ行きバイにレシートのことを訪ねたが、「これでいいの」と言う。よくないと思うけれど、彼女がそう言うのだからいいだろうと思って、それ以上言わなかった。カードと絵葉書を買って部屋に戻り、朝食。

その後ダウンタウンへ行き、郵便局へ行ったついでに化粧水や乳液、綿棒などを買う。それからダウンタウンの周りを歩いたが、何でこんなに寒いのに歩いているのか、我ながら可笑しくなった。そんなことをしていたので、レイクショア（小さなスーパーマーケット）に行こうとバスを降りたら、すごい雨!!

買い物をして外に出ると、もうバスが角を回っているので、雨の中を必死で走って飛び乗った。

部屋に帰って、昼食と夕食を兼ねた食事をした後、パソコンに向かう。しかし眠くなったので帰国の準備をしたら、少し目が覚めた。

九月三日（水）

朝、準備をしていたら電話。ペコさんからで、今日は休みだから、という連絡であった。それから約四十分程、学生の親のこと、先日会った光華の先生、その他諸々のことを話していたら、点呼の時間ぎりぎりだった。

原住民のダンス

キャンプの間は、連絡が取れないことを、もう一度日本の家族に連絡しておくことなどを伝える。

昼前にメアリンから電話があって、中庭で原住民の踊りをやっているから降りて来るようにということだった。すぐに降りて行ったが、カメラを忘れ、それを取りに戻った後、急いで中庭へ行き、何とか彼らや学生たちを取ることができた。そのうえ、メアリンが彼らに、一緒に撮ってやってと頼んで下さったので、彼等とも撮ることができた。

その後、お茶でも飲もうと誘ってもらったので、お金を取りに部屋に戻った後、下に行ったが彼女がいない。暫く待っても現れない。ようやく、どこからか、小さな袋をたくさん持って彼女が帰って来た。そこにはミニ・ドーナツが入っていて、学生たちにと持って来て下さった。どこからどこまでも、面倒見の良いメアリンである。学生たちはとても喜んでいた。

その後コーヒーを飲みに行ったが時間がなく、持ったまま教室へ。数人しかいなかったが、間もなく戻ってきた。全く規律がないと思い、大きな声で学生たちに注意したので、掃除の人たちが驚いていた。

その後、博物館へ。クラス別に分かれて見学するが、ニコルのクラスは全員揃って、一方メアリンのクラスは二人ずつで、自分たちの興味のある動物や物を調べるという方法である。それから売店で、学生たちは買い物をしていた。その後ダウンタウンの近くまで学生たちと歩いて行き、そこで彼女たちと別れた。我々はまた博物館へ戻り、その後再び大学へ。

それからメアリンと私は昼食を取ったが、彼女はレモネードが不味いと店の人に文句を言い、口直しに違う店へ。そこで暫く話した後、彼女と別れて部屋に戻る。

今朝慌てていたので、またパソコンが消えてしまった。またやり直しである。悲しい!!

九月四日(木)

朝から雨。こんなに雨が降った研修は今回が初めてである。いつも暖かくて、日焼け止めを塗りたくっていたと思うのだが…。

七時半頃、ペコさんから電話。明日からのキャンプは天候が悪くて、その上寒いらしい。それで厚手の上着の持参や注意事項をクラスごとでするという電話だった。それと、今日はメアリンと夕食に招待すると言って下さったので、ご馳走になる予定である。

その後、点呼。日本語を話さない事と、CPその他の方々に対しての礼儀などについて再度伝えた。

部屋に戻って朝食を済ませ、それから仕事。また消えてしまうかと思うと、とても恐ろしい。が、兎に角、恐る恐る進める。

二時少し前に、メアリンから電話。二時四十五分頃に教室に来るようにとのこと。この大学に語学留学中のあみが来ているので、クラスが終わってからお茶にするとの事。それで、その頃に教室へ。

学生たちはプレゼンの練習をしていたので、廊下で待っていようと思ったが、入るように言われたので入って、授業の様子を見る。えっちらおっちらであるが、何とかやっていた。一人の女性がすでに居たが、後姿だったので誰か分からないまま、私は後ろに立って学生たちの様子を見ていた。ふっとその女性が後ろをふり返り、私を見て「あっ、びっくりした！」と日本語で叫んだ。あみだった。それから二人で暫く学生たちの様子を見ていたら、メアリンが忙しそうに動き始めた。あみと私、そして学生たちのお茶の準備である。そういうことかと初めて分かり、手伝った。学生たちのためにクッキーを焼いて下さっていた。感激である。

その後お茶を飲み、あみと話した。あと半年いるそうで、その後は、この大学本科へ移りたいそうだ。彼女の場合は、金銭的に何も心配することがないので、好きなことができそうだし、それがいいだろうと思う。

部屋に戻ろうとしたら追いかけて来て、トロントのお土産を渡してくれた。ムースの栞である。その後「元気でね！」と言って挨拶したら、涙を一杯溜めていたので、私も悲しくなってしまった。

五時五十分にメアリンが迎えに来て下さって、ペコさんのご自宅へ。いつものように美味しい夕食を御馳走になった。そうそうカナダのワイン、サボテンのワインが美味しかった。そしてそれから、結婚式の写真を見せて頂いた。チョコラブの犬チチと猫のポンタ、あと二匹（ブーとタイ）、皆可愛かった。夕食後、メアリンが家に帰ってピーチパイを持って来て下さった。相変わらずとても美味しかった。

帰る時、ブルースさんが「ベント」と言ってタッパーを持ってこられたので、彼の明日のお弁当なんだと思っていたら、私のために作って下さっていた。ほんとにお気遣い頂いて恐縮である。

ペコさんが日本へ帰るとき、チチをメアリンに預けると言っていたので、その事を帰りの車の中で話したら、メアリンが「とんでもない!!　いつもゴルフ場を走っている犬が私のところへ来たら、あちこち走り回って、その上、眠る時にベッドサイドにあんな大きなのが来たら…。とんでもない!!　丁度その頃、私はエクアドルへ行くから」と言う。車の中で大笑い!!

部屋に戻って、お風呂に。そして明日の準備をする。いよいよやって来ました。私の苦手なキャンプです。ガールスカウト以来だ!!

カーボーイ姿の二人組

九月五日（金）

点呼に行くと、すでにそこには、大きな荷物を回りに置いた学生たちがいた。まるでゴミ収集日のように、ゴミ袋に入れた荷物がたくさんあった。学生たちは日本なら、きっとかっこうが悪いとか何とか親に言うのだろうが、こちらではホストにおとなしく従っているようだ。

何度も繰り返し言っている事であるが、電波の届かない場所に行くので、日本の家族にはそのことを伝えておくようにということ。またバスの乗り降りやその他で人に何かして貰ったときなどは、必ずお礼を言うこと等を伝えて部屋に戻り、朝食を済ませる。

その後パソコンに向かうが、事務室から電話があり、荷物が届いているというので取りに行く。細ちゃんからの贈り物である。羊羹、玉子せんべい、豆菓子、わらびの里の一口ごはん、ふりかけなどが入っていた。キャンプに行く時だったので、学生たちにもあげられるかもと思いバッグに入れる。そしてさっそくお礼のはがきを書く。

荷物を取りに行ったとき、この大学に留学しているめぐみに、レストランのことを訪ねる。モキシーが良いとか。

十二時四十五分に大学を出発し、目的地シャンペトレー・カウンティー（郡、州）に三時半過ぎに到着。「もう直ぐですよ」とペコさんに言われた後暫くすると、馬に乗ったカーボーイ姿の二人組が麦畑から現れ、それは、まるで映画の一シーンを見ているようだった。その後、馬に乗った一人がバスに近づいて来た。そして馬を下り、バスに乗り込んで来た。「あれっ、馬は？」と思って外を見ると馬は走り去って行った。乗り込んで来た人はシェリフ（首長）だそうで、カーボーイ姿で保安官バッジをつけていた。彼が私の方に来て手を差し出した時は少し怖い感じがしたが、彼の眼はとても優しそうだったので安心した。学生たちも最初は驚いて声も上げなかったが、シェリフが馬から降りてバスに乗り込んで来られた時は、嬉しそうに「キャーキャー」言っていた。そうしながらもバスは進んでいて、進行方向を見ると、シェリフの馬が家に入って行くのが見えた。

バスでの移動の間、ペコさんが部屋割りや、CPセッションのグループ分けを要領よくして下さっていたので、バスを降りてすぐに、各自それぞれがスムーズに部屋へ行くことができた。

その後、乗馬のグループやセッションなどに分かれ、馬についてや乗り方などの説明があった。私は牧場のあちこちを見て回り、写真に収めた。途中シェリフと会ったので、彼は書斎や店を見せて下さった。書斎は子供の勉強室にもなっているとか。こちらは学校が遠くて通えないので、家庭学習をしているそうである。だからこのような部屋が必要なのだ。

その他に店舗もあったが、彼の店は、あまり売り物にならないような品物が置いてあり、その裏側には写真のスタジオもあった。そこで思い思いの写真を撮れるように、色んなドレスも準備されていたが、利用する人がいるのかなぁと不安になるようなスタジオだった。

夕食後は迷路、ブランコ、バレーボール等をするが、雨が降ってきたので中に入る。常にコーヒーやジュース、紅茶などを置いて下さっているので、冷えた体を温めるのにとても嬉しい。

その後、それぞれのグループに分かれて歌やダンスの練習をし、それからナイトハイク。真っ暗な中、しかも雨の中を進み、とある教会へ到着する。この教会は地区に住んでいた老人のもので、彼が住んでいた場所からそのまま移築されたものであるらしい。彼と村人との関わりでちょっとした話題もあり、その説明を聞いた後、「入りたい人は入りなさい」と言われ、何人かの勇敢な学生が入って行った。暫くすると、「キャー‼」という悲鳴が、そしてまた悲鳴。ペコさんから「デリックとクリスが部屋にいて、驚かせます」と聞いていたので、それを知っている私は大笑い。

出てきた学生は興奮冷めやらずの状態で「フット、ふるふる」など、英語か日本語か訳のわからない言葉で友達に説明していたが、それがまた可笑しくて大笑い‼ 雨が降って寒かったが、それも忘れるくらいであった。

その後、サロンへ戻り、クッキーを頂きながら紅茶で体を温める。十時半過ぎに、ペコさんから「部屋に帰ってください」、と言われたので自分の部屋へ戻り、シャワーをする。この建物にはひとつしかないので、学生たちが遅く帰って来て使うと煩いだろうな～と思っていたら、案の定、二時過ぎまでシャワーの音や扉の開閉の音で眠れなかった。

九月六日（土）

六時過ぎにシャワーの音。これは私たちのバスの運転手さん。壁を隔てて私のベッドの向こうがシャワー室なので、最悪である。八時二十分頃にサロンへ。すでに朝食の準備がしてあった。サイコロに切ったジャガイモ、ソーセージ、七面鳥のスープ、

さすがカナダ！大きい！

マフィン、スクランブルドエッグ、フレンチトーストなどで、朝から食べ過ぎ。

朝食後は干し草等を運ぶ大きな車に乗って、バッファローを見に行く。しかし遠くにいるところしか見ることができなかった。あたり一面麦畑と空だけの道を、また戻ってきて昼食。

その後は、乗馬、ベリー摘み、ジャム作りと各組みに別れる。この時でも全てのプログラムを早めに切り上げて、ジャーナルやプレゼンの準備をしている学生がいたので感心する。

その後、休憩を挟んで、四時三十分からウエスタンリレーをする。休憩の時、シェリフから「乗馬をしたか」と尋ねられたので「いいえ」と答えると、「しなきゃ」と言って馬小屋まで連れて行って下さった。けれども彼の息子キースは馬を小屋に戻していたので、私は「いいですよ」と言った。しかしシェリフは「乗せてあげて」と頼んで下さり、ほんのちょっとだけ乗せてもらった。久しぶりの乗馬だったので、最初は少し怖かった。

その後、この乗馬がほんの少しだけだったので、シェリフは気を使ってか、バイクと耕運機を足して二で割ったような乗り物（日本では見たことがない）の後ろに乗るように言われた。そしてエンジンがかかったと思ったら、凄いスピード（怖かった!!）で周辺を回って下さった。私には「牧場に馬を入れて柵を閉めるためだ」と仰ったが、私に辺りの景色を見せる為に、わざわざ回って下さったのだと思う。このために予定の四時半を過ぎてサロンへ。でもそこには誰もいなくて、慌てて裏の

2 人組に分かれて人力車競争

フィールドへ。
二組に分かれて人力車を引っ張ったり、水の入ったバケツを持って走ったり、玉子を投げたり。そしてまた釘を打ったり、木を切ったり、牛乳の早飲み競争、綱引きなどがあり、学生たちは大いに楽しんでいた。
その後、夕食。カナダの料理クロギーとビーンズ、野菜サラダなど。その後は、各グループに分かれて学歌の練習をし、最後に全員で合わせて歌った。私はピアノで伴奏するが、このピアノ、調律もしていないし音が出ない鍵盤もあり、弾きにくかったこと!!　フジコ・ヘミングが、「とても弾きにくいピアノもあるが、ピアノはバイオリンのように持って歩けないので、どんなピアノでも弾かなければいけない。だから、それが困る」と仰っていたが、まさにそうだと思った。

その後は、キースが歌を歌って下さった。九時になると、舞台の上から息子に寝るように仰った。坊やは、まだ皆と一緒にこの場に居たいようであったが、恨めしそうな顔をしながら家へ帰って行った。皆で歌ったりしながら、それが終わると、今度はフラワーバスケットをする。これも大いに盛り上がった。

それから星を見に外へ。昨日と違ってたくさんの星が見えて嬉しかった。北斗七星や流れ星がくっきりはっきり見えたし、オーロラ（現地ではノーザン・ライトと言う）らしいものも見えたので、ひょっとしたら三十分後位に見えるかなと思った（しかし学生たちには黙っていた）が、消えてしまったのでがっかりした。学生たちに余計な事を言ってがっかりさせずに良かった、と思いながら部屋に戻った。

それからシャワーを終えて寝る準備をしていたら、ノックの音。最初はドキッとして怖かったが、はっきりとした音ではなかったので空耳かもと思った。しかし二度目にノックの音をはっきり聞いた時は、さらに怖かった。恐る恐る扉をそっと開けると、そこに学生が一人いた。どうしたのかと尋ねると、「仲間に入っていけない」と言って泣き出した。

部屋の中に入れて、まず彼女の話をじっくり聞く。そしてその後に、他の学生やCPが疎外しているわけでもなく、それどころかペコさんやメアリン、そして私がどれだけ心配しているか、そして一年生であるにも関わらず、このような研修に参加させてもらっている有難い状況、そして私自身の経験などを話して納得させて部屋へ帰した。その時はすでに、私の足は石のように冷たくなっていて、カイロを足に当てるが、暫くはその温かさも伝わって来なかった。

その後、少し書きものをして眠ろうとするが、シャワーの連続で今日もまた眠れない。

九月七日（日）

昨日と同じ八時半朝食。しかし私は帰りの準備をしていたので、ギリギリであった。早々にペコさんに昨晩の事を話した。

朝食後は、ドリームキャッチャーを作る。柳の枝を丸めて糸で編んでいく。昨晩の学生のことが気になったので彼女のテーブルにいたが、私にばかり頼って来るので、ＣＰや他の学生に頼らせなければと思い、そっと席を移動する。私は枝を大きな円にし、その上網目を細かくしたので時間がかかってしまい、十一時になっても出来なかった。それで後でしようと思い、糸や羽根などを貰った。

早めの昼食後、部屋に戻って帰る準備をする。出発時間の十二時ぎりぎりにバスの駐車場へ行ったら、誰もいない。サロンへ入ると、なんとそこで全員で記念写真を撮ろうとしていた。そこに私も加わって写真を撮る。

それからマニトウ・スパへ。入らない学生が意外と多かったので、このメニューは

ドリームキャッチャー（学生たち作）

変更した方がいいかもしれないとペコさん。私もこれには驚いた。半分近くの学生が温泉に入らないなんて、とても残念である。足を少し浸けてみるが、塩分が多いので、ヌルッとした感触だった。温泉に入っている学生たちの写真を撮った後、売店や湖畔を歩き、それも写真に収める。三時過ぎになると、そろそろ皆が出てきたので、また写真タイム。その後出発して四時半過ぎに大学に到着。

荷物を下ろした後、ホストファミ

リーの迎えを待つ。一人の学生が時間を間違えたので、その学生が最後であった。その学生を見送った後、ペコさんを見送って部屋へ。

細ちゃんが送ってくれたお寿司を温めて、それとにゅう麺で済ませる。それから荷物の整理、洗濯をして明美にメール。しかし何度してもだめ。電話は、と思い電話をすると通じた。まずママさん、それから明美へ。空港へ大と一緒に迎えに来てくれるという。期待していなかったので、すごく嬉しい。それから、少しパソコンに向かい、その後就寝。

九月八日（月）

八時頃ペコさんから電話があって、水曜日にアンドレの家から夕食の招待があるから行くようにということと、めぐみに連絡がついたとのこと。ＣＰ達は火曜日が都合がいいと言っているので、そうして下さいとのこと。彼女は日本でいう寄り合いがあるので、行けないと仰る。心細いけれど仕方がない。

その後、また電話があり、誰かと思うとブルースである。今晩のディナーに招待された。そうか、これがあるので、今日はCP達とのディナーはだめだったのだ。

午前中は、たまった書きものの整理をする。

一時十五分に玄関へ。全員集合していた。体調不良を訴える者はいなかった。スケジュールの変更を伝えて教室やラボに行かせる。その時に、三回生の二人にお礼の挨拶を考えて来るように言う。

その後、ベイへ。アンドレとニコルのベビーシャワー（妊娠のお祝い）を買うためである。何がいいのかシアーズを先に見てから、ベイにも行ったが、分からなくなってしまった。それでアンドレには赤ちゃんのベッドに付けるディズニーのおもちゃ、ニコルにも、同じような物でクマ——引っ張るとメロディーが流れる——を買った。こちらはデパートでも包装をしてくれないので包装紙も買って、帰ってから部屋で包装した。

五時四十五分頃、窓から外を見ていたら、ブルースの車が見えたので外へ。でもペコさんがまだだったので、二人で話していた。六時少し前にペコさんが出てこられたので、ゴルフ場へ。

すごく分厚い肉のサンドイッチ、シーザーサラダ、大好きなグラスホッパービールをご馳走になり、その後パターを少しした後、クラブのショップでキャップを買って頂いた。

そして部屋に戻ると、明美から電話。「メールは届いたか」と言うが、まだ届いていない。「まだハワイ諸島周辺でウロウロしているのかも…」と笑いながら話す。

今朝から、風邪気味なのか頭が痛い。さっきペコさんも風邪を引いたみたいと仰っていたが、私もそのようである。喉と頭が痛い。

九月九日（火）

朝の点呼で、コーヒーの教室への持ち込み禁止と、授業中は帽子を被らないことを伝える。その後、メアリンはすぐに教室へ来られたが、ニコルは九時少し過ぎに現れた。それで彼女にベビーシャワーを渡して部屋へ。昨晩お腹一杯のディナーだったので、今日は、特に欲しいとも思わなかったこともあり、牛乳を温めて飲む。

それからパソコンに向かっていたら、パットから電話。明日一時十五分に迎えにくるとのこと。その後、お掃除の方が来られたので、隣の部屋へ退散。

十二時にＥＳＬ事務室の前に行く。それからバートランド先生、ペコさんとインド料理の昼食。美味しかった。韓国の辛さはだめだけれど、インドの辛さは何故か平気だった。

部屋に戻ってパソコンに向かっていたら、メアリンから電話。ハロウィン、バレンタインについての授業をしているから教室へ来るようにということで、教室へ向かう。

クッキーを作ったり、ハロウィンの衣装を着て〝trick or treat〟をしたり、学生たちは楽しそうだった。

それから部屋に戻って、またパソコン。そして電話。アンドレであった。明日六時三十分に迎えに行くということである。久し振りに彼に会えるので、楽しみだ。

五時十五分少し前に学生寮の前に行くと、三台の車があって、皆で迎えに来てくれたようであった。それから私はクリスの車に乗せて貰ってモキシーへ。感じの良いレストランだった。デリックとケイシーが遅れるということなので皆待っていたが、痺れを切らして飲み物を注文し、前菜を注文していたら、漸く二人が現れて全員集合となった。

前菜もメインディッシュもデザートも、そして雰囲気もよかったので嬉しかった。彼らは楽しそうに色んな事を話し、喜んでくれているようだった。その様子を見ると、うちの学生の世話をしてくれているしっかりとしたCPの顔ではなく、大学生の表情で可愛く思った。帰りもクリスに送ってもらったが、彼もまた、今度あのレストランへ行きたいと言っていた。

モキシーで、「こんなことをしてくれるシャペロンはいない」と彼らが言ったので、「私はいつも帰国前にCPたちを招待している」と言うと、驚いていた。だって彼らには、何らかの形で学生たちがお世話になったお礼をしたい、と誰しもが思うのでは？　今回もそれが出来て良かった。

九月十日（水）

朝七時二十分頃にペコさんから電話。今日のテストと午後のセッション、それとニコルのベビーシャワーについての連絡があった。その後、点呼。昨日、メアリンのクラスで、彼女が片付けているのに、皆手伝わなかったこと、私が言ってようやく形だけ手伝った学生がいることなどを言って、人への配慮を厳しく伝えた。それから先生やCPたちへのお礼とニコルのことを言ったら、もうすでに準備を進めているとのことだったので、安心した。

その後、サウスランドモールへ。尚司さん（友人のご主人）のお土産にゴルフ用品を買いたくて、でも何がいいのか分からなかった。店の方に尋ねたら、ボールがいいとのことで、それと手袋にした。それからセイフウェイへ行ってカード等を買い、十一時四十八分のバスで大学へ戻る。

それから時間があったので、ペコさんの部屋へ行った。田中さんに渡して貰おうと思っていたら、「リチャード（田中さんのご子息でこちらの大学の日本語の先生）は大学にまだいると思うから行くように」と言われた。しかし、パットが一時十五分に来ると言っていたので、急いでリチャードのもとへ行った。ちょうど彼がいたので、お土産を渡して早々に引き揚げ、宿舎まで戻ってきたら、グレッグも一緒に待っていて下さった。

そして三人で大学のフードコートへ行き、パットはシュウマイ、グレッグはすごく大きな骨付きの肉とコーン、そしてフレンチポテト、私はピッツアを食べた。食べている時にバイが来られたので、どうしたものかと思ったら、パットが緑色の紙袋を出して、「開けなさい」と言う。バイがいるのに悪いなと思ったら、三人からの贈り物だった。色々入っていた。ストール、スノーマン、キャンドル、ブレスレット、本、マグネット、バッファローの缶詰等々。四人で話した後、バイは仕事があるから、と帰って行った。暫く三人で話した後、グレッグとパットは二人で手をつないで帰っていった。二人の後ろ姿を見ながら、パットは大きな体なのに、神経は細くて優しい人なのだとつくづく思った。

それから教室へ行って、其々の学生のプレゼンの様子を見ながら、めぐみを待つが、一向に現れず、挙句の果て来ないらしいとか。「もういいや」、と思って引き揚げて、部屋に戻りパッキングをする。今回は荷物が少ないと思っていたが、やっぱり重くなりそうで、大きな箱をオフィスから貰って来た方がいいかもしれないと思うようになった。

六時十五分ころには準備ができた。三十分になったので階下へ行ったら、アンドレがもう既に来てくれていて、ＥＳＬ事務室の方からやって来た。それから彼の家へ。鮭のお料理とご飯であった。今日も肉だったらどうしょうかと思ったけれど、鮭でよかった。奥さんのひろみさんが日本人だから、日本食にして下さったのだと思う。アンドレやひろみさんと色んな話が出来て嬉しかった。ベビーシャワーとしてディズニーのおもちゃを贈ったが、部屋には、紙おむつのデコレーションケーキやタワーなどが置いてあり、日本とのお祝いの違いを見た。アンドレは、先生としての貫禄が出てきたようだし、その上とても幸せそうだったので、一層嬉しく思った。

部屋に戻って日本に電話。この頃はメールが通じなくて、電話が通じる。電波が少し変なのである。異常なしとのことであるが、まだ明日がある。

九月十二日（木）

いよいよ最終日である。四十五分の点呼なのに、すでに全員が揃っていた。帰国までに、ホスト宅の自分の部屋を、初めて入った時と同じようにきちんと整理整頓しておくことと、プレゼン（個人発表）を頑張れ、とだけ言って教室に行かせる。

それから二つの教室でプレゼンが始まった。全ての学生のプレゼンを写真に収めたいので、行ったり来たりを繰り返した。十時半前にはメアリンのクラスが終わり、ニコルのクラスも十一時までに終わった。

それからプレゼンの終了と、ニコルのお祝いも兼ねて、ケーキでティーパーティーがあった。ケーキはペコさん手作りの素晴らしいものだった。

昼食を挟んで、このセミナーの評価をした。帰りの飛行機の中でと言われたが、たぶん彼らは眠くてまともに評価なんかしないし、聞かないだろうと思ったので。その後、こちらでの飛行場や、バンクーバーで乗り換える時の注意を其々する。同じことをラボから帰ったメアリンクラスにもする。

そして二時からペコさんがまとめを言ってくださった後、彼らはＣＰ達と修了式のために最後の練習。ペコさんと私は引き上げた。宿舎のロビーでいろいろ話をして別れ、私は部屋へ戻ってパッキングをするが、なかなか進まない。現段階で、全てを詰める訳ではないので、余計にうまくいかない。

七時十五分前に会場へ。皆、ロビーで待っていた。七時少し過ぎて会場の扉が開かれ、入場した。二人の学生がなかなか来ないので、待って頂く羽目になった。漸く現われて始まった。バートランド先生とプログラムには書いてあったのに、来られなかった。以前とは随分違っていて、式そのものも、とても簡素なものになっていた。

授与式は、やはり思っていた学生たちが貰っていた。誰の思いも一緒なのである。ただ、熟達度の高い学生だけは、担当者でないので分からなかったが…。

その後、エンターテイメントは、皆上手に、楽しげにやっていたので安心した。九時過ぎにお開きとなり、うちの学生たち全員は帰って行ったけれど、ＣＰたちは後始末を手伝っていたので、私も最後まで残って手伝っていた。女性のCPは全く手伝わないと言ってペコさんは怒っていらしたが、本当にそう思う。皆が後片づけをしているのに、それを見ながら帰って行くなんて、全く配慮に掛けている。しかし良く考えたら、同じような人は世界中にいるものだと、納得する自分がいる。男女の違いは無いとは言え、スティーブンやデュリューは男性なのに一生懸命片付けてくれていたが、ケイシーやパムは全く何もしていないのに驚く。口はいつも一番動いているのに…。

修了式で挨拶する著者

このような場面で、人間性が表れるのだ。

部屋に戻って、再度荷作りをするが、なかなか出来ない。前回のように荷物は多くないのに…。寝る時間がないかも…。

九月十二日（金）

朝四時に起きて身の回りを片付け、荷づくりをほぼ完了する。その後、部屋を片付けて、ペコさんに置いておく物やお返しする物、処分するものを確認する。その後最終パック。少し重いような気がする。今回は大丈夫と思ったけれど。それに書籍類は別にしたにも係わらず…。

五時半に宿舎の下にいくと、ブルースさん一人だけいらした。「ペコさんは？」と尋ねると、めぐみの家に行ったからと仰ったのでしばらく待っていた。漸く帰って来られたが、めぐみは乗っていない。尋ねると、出てこないし、家の中で何の変化もなかったとのこと。彼女はよく連絡が取れないことがこれまでにあったので、こんなことでいいのかと思ってしまう。ペコさん、よく切れないなと思う。私はまたかと思い腹を立てていたのだが…。

それから三人で空港へ。もう既に何人かの学生が、ホストと来ていた。週末ではないので、仕事を持つホストは忙しいからなのであろう。私もすぐにチェックインをする。「普通なら超過金が要るんだ」と恩に着せられながら。それから次々にやってくる学生たちをチェックするが、重量オーバーでスーツケースを広げて荷物を取り出す学生が、あちこちで見られるようになった。しかしそれでも例年より早く全員が揃ったので、二階の出発ゲートへ行き、別れの挨拶をさせる。メアリンやCPのスティーブン、デュリュー、ダイアモニーが来てくれていた。アンドレも奥さんと。搭乗時間より早いけれど、早々にゲートに行かせた。

ゲートに入った後、うろうろする。私はお腹がすいたので、コーヒーショップでマフィンを食べた。その後漸く機内に。小さな飛行機は満席だった。途中、学生たちを見回るが、殆ど全員が、とんでもないひどい恰好で眠っていた。二時間十分後、現地時間九時十五分にバンクーバーに着き、それから国際線搭乗口へ。搭乗口を確認させて、現地時間に時計を合わせるように伝え、それを確認した後、二時間余りの自由行動にさせる。この時は皆、生き生きしていた。オリンピックの為に、来るたびに空港が大きく、美しくなっている。それでなくとも大きな空港がより大きくなっていて、歩くのが大変であるが、学生たちはものともせずに動き回っていた。

一時半に漸く機内に。私の席はなんと、三人席の真ん中で、これでは二時間ごとに学生たちを見回るのがとてもたいへんだと思った。でも仕方のないこと。右隣は、三重県鈴鹿市にある大学の先生ということだった。バンクーバーに住むカナダ人である。「この飛行機はいつも満席なのに、今年限りで廃止になるなんて、どうかしている。そう思わないか?」と何度も言っていた。私もそう思う。だって、成田まで行かなければならないんだもの。

機内では不便を感じながらも、二時間ごとに学生たちを見回った。眠っている学生もいたが、隣同士で喋っている学生たちもいた。何度目かの見回りで、「先生、お腹が空いて倒れそうなんです」という学生たちがいたので、ギャレーの場所を伝え、「そこへ行けば飲み物などが置いてあるから」と言うと、早々に立ち上がって行った。よほどお腹が空いていたのだろう。

予定通り四時前に関西空港に到着し、入国審査を終えて荷物を取った者から税関審査を受けて出るように伝える。最後の一人がナント、例の母親の娘。黒のスーツケースと言うが、それらしいものは先程からずっと回っているので「あれではないの?」と言うが、「虹色のベルトがないから違う」と答える。けれども「ベルトがなくてもスーツケースを確認しなさい」と言って確認させると、「あ、これです」と言う。最後の最後まで…と思うが、やれやれの思いで税関審査に行かせる。そして私が最後に出口へ。

外には大学の国際教育課の一人が出迎えに来てくれていて、彼女の顔を見たらホッとした。最後の挨拶を終えて解散。心ある父兄は挨拶に来て下さった。それを望んでいるわけではないが、礼儀だろうと思う。しかし手がかかった、大いにかかった学生の親に限って挨拶がないというのも面白い現象である。何事も、他人の振り見て何とかである。自分はその様にならないように気をつけよう。兎に角、一件落着。暫くは、静かに日々を過ごしたい心境である。

シャペロンを終えて

これまでの引率を振り返ると、色んな事が次々と思い出されます。嫌な事や辛かった事も、それは今では懐かしい出来事で、楽しかった事は私の原動力になっています。そしてその間の時代の流れを考える時、そこには様々な変化がある事（当たり前ですが）が分かりました。

まず学生の質的な面、英語力から見ていくと、トップは変わらないが、裾野は随分広がっていると思います。以前は語学力のある選ばれた者が留学していましたが、今は能力に関係なく、たくさんの学生が英語学習の機会を持てるようになり、とても喜ばしい事だと思います。

しかし、少子化の影響もあるのかもしれませんが、自立心が少なく、言い換えれば、頑張って自力で何かをしようとする学生が少なくなったように思います。その為に、研修先大学の先生やCP、そしてシャペロンに頼る学生が年々多くなっているようです。せっかくの英語研修という貴重な機会なのに、それを生かす努力をしない学生が多いのは残念なことです。

さらに英語が下手で話すのが恥ずかしいからと、つい日本語で話してしまう学生が多く、これが上達にストップを掛けているように思います。だから「英語が下手でも恥ずかしくないのよ。下手な英語でも口に出すの。ここでは、私たちは外国人なのだから」と私は口癖のように言うのですが、彼女たちは聞く耳持たずのようです。

英語学習以外の日常生活に関しては、これも少子化や核家族の影響もあってか、年を追うごとに我儘な学生や、他者との交流が苦手な学生が多くなっているようです。例えば、「ホストファミリーが気に入らないから変更してほしい」「ホストファミリーの輪に入っていけないが、どうすればいいのか」

と訴えて来たり等々。その度に、忍耐や努力、対人関係の学習の必要性を感じます。

少子化の影響は、学生たちの英語学習だけでなく、彼女たちの私生活にも見られるように思いました。それはご家族の方々のご理解や、学生との関係です。我が大学では、研修に参加する学生たちには、事前に数回のオリエンテーションを行い、細々した事も含めて様々な説明をします。シャペロンとして「そこまで言わなくても解っているのでは」と最初は思いましたが、それだけ詳細に説明しても、学生やご家族の方々に理解して頂けていない事が多々あると知って、何度も残念に、且つ情けなく思いました。

しかしながら、毎回一カ月余りの学生たちとの生活の中で、最初の週のおどおどした、自信のない様子から、最終週の、自信のあるしっかりとした表情に変化する学生たちの成長の姿を見ることが出来るのは、シャペロン冥利に尽きることで、最高の喜びです。

シャペロンという任務は、やってみないと解らない大変な事が多々あります。しかし、その反面、良かったと思う事も勿論多く、何よりも私個人的に、自分自身が成長出来たと思っています。それは、研修先で知り合ったたくさんの方々との出会いや交流で、彼らから様々な事を学んだからです。そして彼らから〝Come back soon!〟という手紙を頂く度に、行って良かったと実感しています。

また文化や自然に関しては、知識や視野が大きく広がり、知り合った方々から教えて頂いたり個人的に調べたりして、たくさんの事を学ぶことができました。この知的財産は、授業で学生たちに還元していることは、言うまでもありません。

最後になりましたが、この拙著作成の為に、産經新聞社OB曽根伸一様、産經新聞生活情報センター様には大変お世話になりました。査読や校正、そして内容の構成や表紙のデザインに至るまで、あらゆるご助言を頂きました。心よりお礼申しあげます。有難うございました。

平成27年2月15日

吉野啓子

【著者略歴】

吉野啓子（よしの・けいこ）

京都ノートルダム女子大学、大学院教授
「英語で読み解く世界」（共著、昭和堂）
「もっと生きたい」（南雲堂）
「キャサリン・マンスフィールド作品の醍醐味」(朝日出版社)
「いじめからあなたの笑顔を取り戻したい—世代別事例を通して」（浪速社）など
他に、キャサリン・マンスフィールド、ジョージ・エリオット、エリザベス・ボウエン等に関する論文を大学紀要や学会誌に多数掲載

英語海外研修《えいごかいがいけんしゅう》
シャペロン奮闘記《ふんとうき》

発行日　平成二十七年三月一日　初版第一刷発行

著者　吉野啓子

編集制作　産経新聞生活情報センター
〒556-0017 大阪市浪速区湊町二―一―五七

発行者　杉田宗詞

発行所　図書出版 浪速社
〒540-0037 大阪市中央区内平野町二―二―七
TEL（〇六）六九四二―五〇三二（代）
FAX（〇六）六九四三―一三四六

印刷　株式会社 日報印刷

Printed In Japan　ISBN978-4-88854-486-3　C0037